复合媒体出版物

扫码观看更多精彩内容

我和
我们的
时代

石　岩 ◎ 主编

ME AND
OUR
TIMES

文化藝術出版社
Culture and Art Publishing House

图书在版编目（CIP）数据

我和我们的时代 / 石岩主编. — 北京 : 文化艺术出版社,
2021.10

ISBN 978-7-5039-7126-6

Ⅰ. ①我… Ⅱ. ①石… Ⅲ. ①文化—人物—生平事迹—
中国—现代 Ⅳ. ①K825.4

中国版本图书馆CIP数据核字（2021）第203203号

我和我们的时代

主　　编　石　岩
责任编辑　董良敏　王奕丹
数字编辑　李岩松
责任校对　董　斌
书籍设计　姚雪媛
出版发行　文化艺术出版社
地　　址　北京市东城区东四八条52号 100700
网　　址　www.caaph.com
电子信箱　s@caaph.com
电　　话　（010）84057666（总编室）　84057667（办公室）
　　　　　　　　84057696 – 84057699（发行部）
传　　真　（010）84057660（总编室）　84057670（办公室）
　　　　　　　　84057690（发行部）
经　　销　新华书店
印　　刷　中煤（北京）印务有限公司
版　　次　2022年1月第1版
印　　次　2022年1月第1次印刷
开　　本　880毫米 × 1230毫米　1/32
印　　张　10.75
字　　数　260千字
书　　号　ISBN 978 – 7 – 5039 – 7126 – 6
定　　价　78.00元

编 委 会

主　编

石　岩

编　委

纪萱萱　马戎戎

杨　栗　桂姝蕾

梁珊珊　李　程

邓　荣　王冀蒙

李　端　潘　婷

张震宇　杨舒钰

邵　莉　孟　颖

李雪荣　杨晓宁

魏　迪　张　婧

李雅倩　王瑞宁

梁　霄　段　译

吴　鹏　苍丽莉

王焕黎　焦　雯

张焕东　吕侯健

殷渤栩　徐小燕

十分人物

杨栗

    阅读这部书稿对我来说也是学习的过程。在改革开放的40余年里，我们做了多少精神文化建设的事情？个人精神又在多大程度上得到提升？它现在是一个什么水平呢？

    从大数据的角度来说，中央广播电视总台的文化节目有如此广阔的平台和庞大的数据库，所以也应该能反映一些真实情况，而《文化十分》则以其独特优势和极具特色的十分钟节目在大时代浪里淘金，聚焦人物，发现一些珍贵的精神特质，以此凝结成书。

    这些人物或是耳熟能详，或是并不引人注目，然而，全都专注于各自领域，成就斐然，给人以极大的震撼。其中，有些已经作古，如杨绛先生、谢晋导演，也有依然纵横驰骋于艺术世界的表演艺术家李雪健，笔耕不辍的作家王蒙、阿来，更有根植于民间的音乐家赵季平、田青……大多人都堪称"国宝"级别。对这些"十分人物"，在表达我的敬意的同时，也会有一种感觉——他们既属于这个时代，也超越了这个时代，每个人都是一座精神宝库，从中可以得到许多做人的启示。

毋庸置疑，他们每个人的生命轨迹均镌刻了深刻的时代烙印，极富传奇性。比如于蓝女士，在她身上有太多让人感慨的特质，她饰演的江姐，已经成为时代经典；优雅的秦怡女士，命运待她可谓残酷，她却还之以善意与从容；樊锦诗先生妇唱夫随，她很无私，她的先生更加无私，两个人都心怀大爱，樊锦诗爱着敦煌和国家，而她先生爱着她和考古，两位都做出了爱的奉献。

叶嘉莹先生，从北平四合院到台湾的军眷之家，又到美国做访问学者，在加拿大不列颠哥伦毕业大学（UBC）讲学，早在20世纪70年代就开始归国讲授古典诗词，最终落脚在天津南开大学，创立中国古典文化研究所。有时候我会想，为什么是天津而不是北京的高校邀请她呢？是和影响她至深的顾随先生有关吗？是和她在天津手术却在返家的火车上去世的母亲有关吗？太多的生命谜题使我们看不清的因果。可以看得清的是：一滴水在大海中不会干涸，一个人的光芒融入生命的熠熠星辉则是幸福的。

事实上，所有的美好都在人的心里，这些"十分人物"也一样，当我们以善意面对世界，世界则以更大的善意助力我们的成就。

尽管平时看电视时间不多，《文化十分》却可以说是一档浓缩精华的文化节目。

值此中国共产党建党一百周年之际，《我和我们的时代》

作为一份献礼正式出版。

受《文化十分》制片人石岩女士之托，嘱予作文以记之。

2021 年 6 月 14 日端午于莲花河

目录

杨绛

走到人生边上

撰稿 ｜ 马戎戎
电视记者 ｜ 石岩　孟颖　李峥　李博

我和谁都不争，

和谁争我都不屑；

我爱大自然，

其次就是艺术；

我双手烤着生命之火取暖；

火萎了，

我也准备走了。

——兰德（Walter Savage Landor，

1775—1864，英国诗人）

2016年5月25日，105岁的杨绛先生去世。她生前遗言：丧事
从简，不设灵堂，不举行遗体告别仪式，不留骨灰。"我要做的
事都做完了，没有什么遗憾了，再活下去就是苦了……"

她以彻底的人生留白安安静静、干干净净地走了，留下八卷250万字的《杨绛文集》。

杨绛先生的作品《我们仨》2003年出版，钱杨伉俪、爱女钱瑗一家三口的往事令世人嗟叹不已。在诗人、学者叶匡政先生眼中，杨绛先生是"1949年以后大陆最优秀的白话文作家之一"。在读书人心中，她的光芒从不曾被誉为"文化昆仑"的丈夫钱锺书遮蔽，二人相互成就。

叶匡政这样评价杨绛："年轻时读她的作品，或许只能觉出她语言的洗练和从容，但随年岁增长，你会发现她对白话文有独到的领悟与发现，暗藏玄机。她的语言在沉静中显出灵动，在精妙中透出睿智，有一种洗尽铅华后的优雅与超然，却又充盈着活力。我会用这几个词来形容她：睿智、从容、独立、高贵。"

《我们仨》中，没有戏剧性的波澜壮阔，大喜大悲，有的只是一家人相处的日常细节，读来如静水深流，朴素而温暖。然而读到结尾，钱瑗病逝，锺书先生仙去，"彩云易逝琉璃脆"，内心的伤感一时涌堵。

美国女作家琼·迪迪恩曾经写过一本书叫《奇思年代》。这本书的开头，是如之前数十年一样的普通的一天，吃早饭时，琼的丈夫忽然从椅子上摔了下来，去世了。

美国人写作，往往追求一个戏剧性开场，力求一开头就紧紧捕获读者；而中国人的情感，讲求顺其自然，缓缓积聚，让时间赋予这情感浓度和力量。然而，那种缓缓积聚的势能，实在比瞬间的猛击强大得多。

而把人世当作道场，在岁月中自我洗练的杨绛先生，自然不会仅仅是"岁月静好"那样简单。正如她自己的名言：

> 一个人经过不同程度的锻炼，就获得不同程度的修养，不同程度的效益。好比香料，捣得愈碎，磨得愈细，香得愈浓烈。在年轻时认真经历生命的历练，方能在岁月中优雅地老去。

守护他的才气和痴气

说到杨绛，就不能不提到她的丈夫钱锺书先生，二人的爱情，在现代人眼里是古典，但在他们那里只是日常。关于杨绛和钱锺书的爱情，世人了解最多的，大多是那句钱锺书对她的评价："最贤的妻，最才的女。"

1932年春，清华大学古月堂门口，杨绛和钱锺书初遇。杨绛觉得他眉宇间"蔚然而深秀"，钱锺书则为这一面写了一首诗："缬眼容光忆见初，蔷薇新瓣浸醍醐。不知靧洗儿时面，曾取红花和雪无？"

还记得《围城》里，方鸿渐初遇唐晓芙时，是这么描述她的外貌的：

杨绛、钱锺书与女儿钱瑗

　　天生着一般女人要花钱费时、调脂和粉来仿造的好脸色，新鲜得使人见了忘掉口渴而又觉嘴馋，仿佛是好水果……发没烫，眉毛不镊，口红也没有擦。

　　《圣经》有言："有的时候，人和人的缘分，一面就足够了。因为，他就是你前世的爱人。"

　　心高气傲的杨绛见了钱锺书，却甘愿为他洗手做羹汤。

　　杨绛的才华，事实上并不低于钱锺书。

　　1943—1944年，杨绛在上海相继写出四幕喜剧《称心如意》

和五幕喜剧《弄真成假》。两部作品真实地描绘了以小资产阶级青年为中心的旧中国都市世态，都取得了世俗层面上的成功。

钱锺书一度被称为"杨绛的丈夫"。钱锺书受了刺激，放弃了部分教职写《围城》，杨绛立刻停止了戏剧创作，全力维持生计，支持丈夫写作。杨绛说："我急切要看锺书写《围城》，做灶下婢也心甘情愿。"

当时的钱锺书还专门写了一首诗给"灶下婢"杨绛，这就是著名的《赠绛》："卷袖围裙为口忙，朝朝洗手作羹汤。忧卿烟火熏颜色，欲觅仙人辟谷方。"

生活中的钱锺书，从细节琐事到人际交往，无不依赖杨绛。杨绛再度重拾创作，已经是在完成"妻子、情人、母亲"三重角色之后的花甲之年了。对于数十年为家庭做出的牺牲和奉献，杨绛从未后悔。她说："我爱丈夫，胜过自己。我了解钱锺书的价值，我愿为他研究著述志业的成功，为充分发挥他的潜力、创造力而牺牲自己。"

以现代女权的观点来看，这一点似乎难以理解。然而杨绛的自我牺牲并非出于"男尊女卑"的传统封建意识，而是出于相互的理解与尊重："这种爱不是盲目的，是理解，理解愈深，感情愈好。相互理解，才有自觉的相互支持。"

杨绛多次说过，她人生最大的成就，是保护了钱锺书的才气和痴气。而她也深情记述过钱锺书对她的体贴：

杨绛

钱锺书知我爱面子，大家闺秀第一次拎个菜篮子出门有点难为情，特陪我同去小菜场。两人有说有笑买了菜，也见识到社会一角的众生百相。他怕我太劳累，自己关上卫生间的门悄悄洗衣服，当然洗得一塌糊涂，统统得重洗，他的体贴让我感动。

"文革"期间，被批斗的日子里，他们一同上下班，互相照顾，走时肩并肩，手挽手，被人誉为"模范夫妻"。后来两人被下放分离，被迫开启异地恋模式。为见丈夫一面，杨绛每天跑到一个离钱锺书近点的菜园，然后陪丈夫晒晒太阳、谈谈心，互相慰藉。

1993年的一天，钱锺书整理完自己的《诗存》后，对杨绛说："咱们就这样再同过10年。"杨绛脱口而出："你好贪心啊！我没有看得那么远，三年五年就够长的了。"钱锺书听了，默默退入起居室的躺椅里，不再作声。

他一向不会系表带，都是杨绛帮他戴，从这天起，他乖乖地让杨绛教他自己戴。杨绛总是自责，认为自己这话让钱锺书愁出了病，1994年便住进了医院。

钱锺书的堂弟钱锺鲁说过，大嫂"像一个帐篷，把身边的人都罩在里面，外面的风雨由她来抵挡"。

钱锺书另外一句被当代文艺青年广为引用的情话，便是那句："我见到她之前，从未想到结婚；我娶了她十几年，从未后悔娶她。"

好的爱情，从来都是相濡以沫。

天才背后的才女

钱锺书1946年写成小说《围城》，甫一问世，即受到好评，两年三版。此后绝版30年，1980年《围城》再版，引发热议。1990年，《围城》由导演黄蜀芹改编成电视剧，陈道明饰演的方鸿渐入木三分，钱锺书的名字很快家喻户晓。

很多人是冲着钱锺书这位二三百年不遇的"奇人"去的，转而却发现了钱锺书背后的"才女贤妻"——在这期间,杨绛以一贯不疾不徐的笔耕推出译作、散文和小说。

1978年,杨绛翻译的《堂吉诃德》出版。她从1959年开始学习西班牙语,三年后开始着手翻译,经历了部分译稿失踪、初稿重译等波折,二十载方成。1986年,西班牙国王授予75岁的杨绛"智慧国王阿方索十世十字勋章"的荣誉。

1981年,杨绛发表《干校六记》。《干校六记》的书名和篇目,源自清乾隆、嘉庆年间沈复的《浮生六记》,记述了"文革"期间,她和钱锺书下放到河南干校的生活。胡乔木评价:"怨而不怒,哀而不伤,缠绵悱恻,句句真话。"

1987年,杨绛的散文集《将饮茶》出版。她以细腻传神的笔调,讲述了父亲杨荫杭和姑母杨荫榆的生平际遇,钱锺书的创作背景,以及夫妻二人在"文革"中的遭遇。

杨绛1988年出版的长篇小说《洗澡》被作家施蛰存评价为"半部《红楼梦》加上半部《儒林外史》"。

《洗澡》讲述中华人民共和国成立初期第一次思想改造运动中知识分子的精神状态。姚宓和许彦成的一段精神之恋尤其感人至深。"我们互相勉励,互相搀扶着一同往上攀登,绝不往下滑",蕴含着中国知识分子特有的平和、柔韧、"超拔"的力量。

2014年,她以103岁高龄续写《洗澡之后》。

2007年,96岁高龄的杨绛出版了《走到人生边上》,以其一贯娓娓道来的语气对人生做了回顾和探讨。值得一提的是，钱锺书2000年曾出版散文集《写在人生边上》，以他收录在册的、1939年之前写下的10篇散文中的一篇为书名。

《我们仨》

1998年12月19日凌晨，钱锺书身体状况很不好，医生连忙通知家属。杨绛赶到床前时，钱锺书已经合上一只眼，还睁着另一只眼等待妻子。杨绛帮他合上眼睛，轻轻在他耳边说："你放心，有我呐！"

"1997年早春，阿瑗去世。1998年岁末，锺书去世。我们三人就此失散了。'世间好物不坚牢，彩云易散琉璃脆。'现在，只剩下了我一人。"《我们仨》里，这一句写得荡气回肠。

钱瑗生病、过世，钱锺书生病、过世，均由杨绛一人独立照料。钱锺书过世前，杨绛累到整个人瘦瘦小小的，走路都要扶着墙。

钱锺书过世后，杨绛深居简出，整理钱锺书遗留下来的4大麻袋手稿。她说："锺书逃走了，我也想逃走，但是逃到哪里去呢？我压根儿不能逃，得留在人世间，打扫现场，尽我应尽的责任。"

2011年，杨绛百岁诞辰，她对记者说：

我今年一百岁，已经走到了人生的边缘，我无法确知自己还能往前走多远，寿命是不由自主的，但我很清楚我快"回家"了。我没有登泰山而小天下的感觉，我只在自己的小天地里过平静的生活。

细想至此，我心静如水，我该平和地迎接每一天，过好每一天，准备回家。

总是给人留下温润印象的杨绛先生，一生之中，所遇到的风浪与波折其实很多。

"文革"期间，钱锺书和杨绛都成了"牛鬼蛇神"。杨绛被人剃了"阴阳头"，就连夜赶做了假发套，第二天照常出门买菜。

那时，群众分给她的任务是清洗厕所。杨绛认认真真执行任务，污垢重重的女厕所被她擦得焕然一新。然后，她打开一本书，在厕所里安安静静地读书。

1969年，钱锺书与杨绛被下放至干校接受改造，杨绛被安排种菜。白天，杨绛利用看管菜园的时间看书或写东西。她的同伴回忆，"你看不出她忧郁或悲愤，总是笑嘻嘻的"。

钱锺书和杨绛的同事郑士生先生曾这样回忆杨绛："在人情世故上，在与文化界等各方面打交道时，杨绛先生都比钱锺书先生要周到。钱先生往往凭自己的性情、喜好说一些话，但杨先生很温和，善于应对各种场合，各种情况。"

杨绛与钱锺书的生活瞬间

　　"世界以痛吻我，而我报之以歌。"杨绛出生于民国最动荡的时期，正值辛亥革命前夕，她一生历经风浪与波折，却总能给世界以温暖、以感动。

　　有人认为，杨绛身上无疑体现着中国女性最高的处世智慧，能屈能伸，即使再大的风暴，也能平稳度过，内心依旧安然。

　　杨绛曾说过："走好选择的路，别选择好走的路，你才能真正做自己。"而她的另一句话则是："我们如果反思一生的经历，都是当时处境使然，不由自主。但是关键时刻，做主的还是自己。"

忘记了是谁说过，观察一个人本质的最好时机，是在他最极端、最困难的处境下。

杨绛是高寿的，她与这个世界共处了105年。百年风雨兼程，她的体悟是"甘心为零"："我甘心当个'零'，人家不把我当个东西，我正好可以把看不起我的人看个透。这样，我就可以追求自由，张扬个性。"

"细细想来，我这也忍，那也忍，无非为了保持内心的自由，内心的平静。你骂我，我一笑置之。你打我，我绝不还手。若你拿了刀子要杀我，我会说：'你我有什么深仇大恨，要为我当杀人犯呢？我哪里碍了你的道儿呢？……'所以我说，含忍和自由是辩证的统一。含忍是为了自由，要求自由得要学会含忍。"杨绛说。

叶嘉莹

一世多艰，寸心如水

撰稿 ｜ 马戎戎

> 一世多艰，寸心如水，也曾局围深杯里。炎天流火劫烧余，藐姑初识真仙子。
>
> 谷内青松，苍然若此，历尽冰霜偏未死。一朝鲲化欲鹏飞，天风吹动狂波起。
>
> ——《踏莎行》叶嘉莹

2018年6月底，叶嘉莹老人度过了她94岁的生日；7月13日，白先勇先生携青春版《牡丹亭》为她祝寿。6月初，叶嘉莹先生决定将自己的全部财产捐赠给南开大学教育基金会，用于设立"迦陵基金"，继续支持中华优秀传统文化研究，目前已完成初期捐赠1857万元。叶先生早已看淡尘事，对生死亦豁达通透。

20世纪80年代，她曾写下"一世多艰，寸心如水"的诗句自况。从民国到当下，从北京到台北、温哥华再到天津，90余载逆

叶嘉莹先生

旅，一世纪风尘；她的个人生活历尽坎坷，其中却延续着中国古典文化的文脉。

新知识、旧道德

叶嘉莹出生在1924年的北京。那是张北海笔下的北京，四合院里搭着天棚，夏天坐在树下，喝着加冰的威士忌；去裁缝铺做件大褂儿，裁缝会贴心地帮你先下水。

叶嘉莹是蒙古族，祖姓是叶赫那拉，与清代著名词人纳兰性德同宗。她出生时，清王朝已被推翻，族人改为汉姓"叶"。

叶嘉莹儿时照片（中）

叶嘉莹出身书香门第。祖父是进士，家门口悬着"进士第"的匾额。父亲毕业于北京大学英文系，母亲曾在一所职业女校任教。叶家的四合院很大，灰砖红瓦，后院还有个很美的花园，著名学者邓云乡曾在文章中描述："一进院子就感到的那种宁静、安详、闲适的气氛，到现在一闭眼仍可浮现在我面前。"

"几度惊飞欲起难，晚风翻怯舞衣单。三秋一觉庄生梦，满地新霜月乍寒。"15岁那年，叶嘉莹写下这首近体诗《秋蝶》，已显示出古典文学的学养。

叶嘉莹生于荷月，家人把她的小名唤作"荷"。在1940年夏天，她写下一首五言绝句《咏莲》："植本出蓬瀛，淤泥不染清。如来原是幻，何以度苍生。"

叶嘉莹与父亲　　　　　　　　　叶嘉莹先生

　　叶嘉莹的父母对她采用的是"新知识、旧道德"的家庭教育，
尽管后来准许她到学校读书，但是在生活方面还是约束极严，这使
得她的见闻和感受，几乎与外界隔离，多年后，她看到林海音讲述
北京大街小巷、风土人情的书，非常惊讶，发觉自己在北京生长了
二十几年，那些街道也都走过，却好像什么都没有看到一样。

　　在这样的家庭环境和教育背景下，叶嘉莹认为，自己成长为一
个敏于精神和情感，甚至诗词之细微，却钝于外部现实生活的人。

　　对于恋爱和婚姻，叶嘉莹也一直持有一种"钝感"。少女时期
的叶嘉莹，对感情的态度是"不遇天人不目成"，不遇到特别好的
人，就不动心。

　　她后来的丈夫赵东荪是她中学一位老师的堂弟；起初，她并没
有答应赵东荪的追求，然而后来赵东荪失业，叶嘉莹却认为这与他

叶嘉莹结婚照（1948 年）

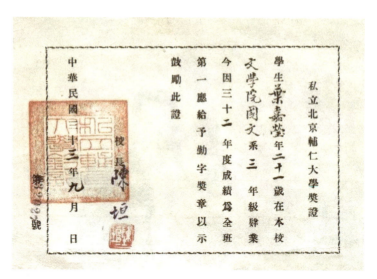

叶嘉莹在辅仁大学成绩证书

总是离岗来找她有关。出于一种混合着内疚、怜悯和义气的情感，叶嘉莹答应了赵东荪的求婚。1948年，叶嘉莹随赵东荪南下台湾。

"天以百凶成就一词人"

叶嘉莹师承国学大师顾随。1974年，飘零海外的叶嘉莹第一次回国探亲，她最想见两个人，一个是她的伯父，一个就是她的老师顾随。前者是她读诗写诗的启蒙者，而后者则为她"开启了欣赏和体悟诗歌的无量法门"。

1941年，叶嘉莹考入辅仁大学国文系，顾随当时在辅仁大学

1945 年，叶嘉莹大学毕业获学士学位留影

讲唐宋诗。当顾随在中国大学开词选课，叶嘉莹就跑到中国大学去听。前后陆续跟听了6年，记下了8大本笔记。

这些笔记跟随叶嘉莹从大陆到台湾，再到美国、加拿大，在多数图书物品均已散失时，它们被完好无损地保存下来。1979年，叶嘉莹联系到顾随的女儿，将笔记移交，后经摘录、整理，辑成7万余字的《驼庵诗话》。

受顾先生的影响，叶嘉莹一改多愁善感的诗风，在诗歌中也多了担荷苦难的勇气。

1945年，顾随在给叶嘉莹的信中说："假使苦水有法可传，则截至今日，凡所有法，足下已尽得之。"同时，顾随还希望叶嘉莹

1943 年，叶嘉莹（右二）与顾随先生及同学

能够有所建树："不佞之望于足下者，在于不佞法外，别有开发，能自建树，成为南岳下之马祖，而不愿足下成为孔门之曾参也。"

在叶嘉莹长达几十年的波折岁月里，这封信的光芒，一直烛照和温暖着她。

叶嘉莹的一生多磨难。1937年，北平沦陷，叶嘉莹的父亲随政府流转后方，留下母亲带着叶嘉莹和两个弟弟。

4年后，母亲因病去天津做手术，返回时病逝于天津至北平的火车上。悲痛中，17岁的叶嘉莹创作了《哭母诗》8首，其二记录了从她赴医院查看母亲遗体到母亲入殓的过程，以及她悲痛万分的心情：

20 世纪 50 年代叶嘉莹在台湾（后排右四）

瞻依犹是旧容颜，唤母千回总不还。

凄绝临棺无一语，漫将修短破天悭。

　　1949年，叶嘉莹和丈夫赵东荪到台湾后不久，因为白色恐怖，赵东荪被拘捕。叶嘉莹带着不满周岁的女儿从囚禁的地方释放出来，失去了家庭和工作，只好投奔亲戚。她寄人篱下，只能睡在走廊上。她在《转蓬》一诗中这样写道："转蓬辞故土，离乱断乡根。已叹身无托，翻惊祸有门。覆盆天莫问，落井世谁援。剩抚怀中女，深宵忍泪吞。"

　　3年后，赵东荪出狱，性格中的负面愈加凸显。叶嘉莹曾在文章中这样回忆："他因久被囚禁形成动辄暴怒的性情……那时，我上有年近八旬的老父，下有两个仍在读书的女儿，我总是咬紧牙关承受一切折磨和痛苦，不肯把悲苦形之于外……那时，我终于被逼出了一个自求脱苦的办法，就是把自己一部分精神感情完全杀死。这是使我仍能承受一切折磨而可以勉强活下去的唯一方法。"

叶嘉莹在经济上已经是家中的顶梁柱，然而每天回家，面临的不是丈夫的笑脸和安慰，而是动辄摔打的暴躁性格和苛刻挑剔。叶嘉莹遵从旧式道德，从一而终，始终忍让。

王安石的《拟寒山拾得》的诗偈使她从悲苦中得到解脱："众生造众业，各有一机抽。切莫嗔此瓦，此瓦不自由。"那时，她想，丈夫的性格是他的经历和际遇形成的，因而始终对丈夫抱有一种包容和谅解。

2008年，丈夫故去。叶嘉莹在诗中写道："一握临歧恩怨泯，海天明月净尘埃。"她对他早已彻底宽恕。

对她最大的打击是1976年意外遭遇的"丧女之痛"。20世纪60年代，叶嘉莹赴美国哈佛大学进修、任教；之后赴加拿大，在加拿大不列颠哥伦比亚大学任教。经过10年辛劳，生活渐渐安定，两个女儿也长大、成家。

1976年，叶嘉莹去费城探望小女儿一家，却接到大女儿和女婿在多伦多遭遇车祸双双亡故的噩耗。当时，她含泪回到温哥华，把自己关在家里，避免接触外界，唯靠诗歌缓解痛苦。

她写了10首《哭女诗》，其中有一首是："平生几度有颜开，风雨一世逼人来。迟暮天公仍罚我，不令欢笑但余哀。"

叶嘉莹婚纱照　　　　　　　　　　叶嘉莹与丈夫、两个女儿

王国维说："天以百凶成就一词人。"叶嘉莹说："也许我写的诗词或论文，你们觉得还有美的地方，可那是我用多少忧愁和苦难织出来的。""其实我一生经过了很多苦难和不幸，但是在外人看来，我却一直保持着乐观、平静的态度，这与我热爱古典诗词的确有很大的关系。"

"诗，让我们的心灵不死"

1977年，为纾缓丧女之痛，叶嘉莹回国旅行。旅途中，她看到火车上的年轻人在捧读《唐诗三百首》，她甚至还买到一本《天安门诗抄》，这让她意识到，这真是一个诗歌的民族，尽管历经苦

1979 年初，叶嘉莹回国教书后第一次从北京至天津，
南开大学诸教师在车站迎接

难，还是用诗歌在表达自己。

1978年，她给国家教委写了一封信，表示愿意利用假期回国
教书，那一年，她已经54岁。后经原辅仁大学外文系教师李霁野介
绍，叶嘉莹在南开大学开课。每年3月下旬加拿大不列颠哥伦比亚
大学放假，她就回国讲课，有时是利用休假一年的时间回国讲课。

彼时的中国，社会动荡之后，传统破坏、隔离严重，而叶嘉莹
带来了"原汁原味"的传统文化，令听课的同学惊为天人。

叶嘉莹讲课，不用教材，信手拈来。当年听过她课的学生回
忆，由于教室爆满，许多学生不得不挂在教室外的窗台上听课，一
挂两小时，手臂酸痛至极。叶嘉莹在自己的诗中形容那时的情景：

叶嘉莹与研究生一起讨论课题

"白昼谈诗夜讲词，诸生与我共成痴。"

在和学生的共处中，她慢慢走出了丧女的悲苦。

自1966年赴美，叶嘉莹在美国哈佛大学、加拿大不列颠哥伦比亚大学任教多年，阅读了大量西方文艺理论著作，并与东西方研究古典诗词的学者进行许多交流、合作，这些都推动了她在古典诗词研究领域对中西精神的融会贯通。因此，她的古典诗词理论，横跨中西，别具一格。

虽然在诗词研究和讲授中引入了很多现代理论和观点，但叶嘉莹最基本的评赏标准还是诗歌中感发生命的质量和作用。

她认为，对诗歌的评赏，不管是出于主观角度还是客观角度，

20 世纪 70 年代，叶嘉莹在哈佛燕京研究室

都必须紧紧抓住评赏者本人的感受这一出发点，探求诗歌中兴发感动的生命，并将之传达出来，使读者得到生生不已的感动，从而完成诗歌兴发感动的创作生命。

　　她认为，古今中外，文化虽有不同，但人心的基本情意大多是相通的。所以只要把那些基本的东西，把诗歌里感发的生命讲出来，不同文化背景的人也是会接受和感动的。

　　曾聆听过她讲课的学生单正平回忆："当年她吟花，我们看见花在摇曳绽放；她咏水，我们眼前有水回环流荡；她说雾，我们觉得四周一片片岚霭迷茫；她唱风，我们能感到秋木枝叶在寒气中颤动飘扬；她念到黄鹂黄莺，我们好像听到真有鸟儿在窗外鸣啭欢

叶嘉莹在南开大学"叶嘉莹教授手稿著作暨影像展"展览现场

唱……"

叶嘉莹说,她自己体会到了古典诗歌里美好、高洁的世界,而现在的年轻人,他们进不去,找不到一扇门,她希望把这扇门打开,让大家走进去,把不懂诗的人接引到里面来。

2014年,叶嘉莹正式回到祖国定居,在南开大学创立中国古典文化研究所,并亲自担任所长。出生在"荷月"的她,一生爱荷花。早年旅居温哥华,她曾感叹那里鲜有人种荷。

如今,南开大学"迦陵学舍"前荷花遍开,安慰她的半生漂泊。她曾为了这一湖荷花写下这样的诗句:

叶嘉莹先生在迦陵学舍

结缘卅载在南开，为有荷花唤我来。修到马蹄湖畔住，托身从此永无乖。

执教70余年，她一直牢记着顾随先生的教诲：一个人要以无生之觉悟为有生之事业，以悲观之心过乐观之生活。

如今的叶嘉莹先生，谈起往事，平静得像是在诉说别人的故事，她说："一切遗憾都已过去。"

樊锦诗

漠上花开无声响，心之所归是敦煌

撰稿 | 纪萱萱　张译元　杨舒钰
电视记者 | 孟颖　张小燕　李宁

> 我已经八十多岁了，总有一天会走的，我已经做好了准备。
> 足感欣慰的是，我兑现了自己的承诺，我为莫高窟尽力了。
>
> ——樊锦诗

　　她是"改革先锋""文物保护杰出贡献者"国家荣誉称号获得者；她被亲切地称为"敦煌的女儿"。

　　2019年末，樊锦诗口述，顾春芳撰写的《我心归处是敦煌：樊锦诗自述》出版，在这本书中，我们得以一窥她的心路历程。

父亲眼中最有个性的小女儿

　　1938年，樊锦诗出生于北平一个知识分子家庭。父亲樊际麟希望女孩子也要饱读诗书，于是分别为双胞胎姐妹取名"樊锦

樊锦诗（右）与二姐樊锦书合影

书"和"樊锦诗"。

樊际麟是杭州人，毕业于清华大学，是一位工程师。北平沦
陷后，他拒绝与侵略者合作，决定带着全家回南方谋生。

樊际麟外语很好，而且写得一手好字。每逢新学期伊始，他
手把手地教小女儿用工工整整的楷书在书皮上写下"樊锦诗"三
个字。他还找来颜真卿、欧阳询的字帖让孩子们临摹。

父亲曾对她说："中国人，一定要学好古文，文章要写得
好，必须要学好文言文。"樊锦诗一直熟记于心。受父亲影响，
樊锦诗从小喜欢上听评弹、看戏，这个习惯一直保持至今，其
中，她最喜欢听刘天韵的《林冲踏雪》。

父亲还常常给孩子们讲中国历史上的英雄人物，岳飞、文天
祥、戚继光，这些精忠报国的故事给樊锦诗留下了深刻的印象。

1945年8月抗日战争胜利，日本无条件投降。那时的樊锦诗只有7岁，但自幼受到大人影响的她，竟也根植了一种强烈的信念："绝不当亡国奴！"

这种爱国主义信念也影响了樊锦诗的一生。

读小学的时候，樊锦诗感染了脊髓灰质炎，即"小儿麻痹症"。当时根本没有可以医治的药，于是医生给了家人一张名单，名单上都是从这个病中挺过来的小孩，虽然多多少少都落下了后遗症，但他们体内已经有了抗体，如果能给樊锦诗输他们的血，或许有得救的希望。

没想到，并没有人愿意输血给她。无奈之下，医生说只能让家人输血，因为家人和她住在一起，实际可能也感染上了，只是抵抗力好，没有犯病而已。大家决定让双胞胎姐姐给樊锦诗输血，就这样，樊锦诗被救了回来。

幸运的是，病愈之后的樊锦诗依然可以正常说话、正常走路，基本没有什么后遗症。不过自此以后，她总觉得腿脚不那么利落。"但就是这两条瘦弱的腿，命运安排我用它们从上海这座大都市走到北京，又从北京走到了大西北，走到了那么远的敦煌，走过荒漠和戈壁，走过许多常人难以想象的坎坷的道路，这一走就是五十多年。"樊锦诗不无感慨地说。

从小体弱多病的樊锦诗很懂事，学习没有让家人费过心，成绩一直不错，因此父母很少过问她的学业。直到高考结束，父母也不知道她已经自作主张地填报了北大历史学系。

樊锦诗的父亲樊际麟　　　　　　　17岁的樊锦诗

　　有一次，父亲问起她的学业，樊锦诗说："我已经高中毕业了。"父亲非常惊讶。当得知樊锦诗填报了北京大学，父亲很满意她的选择，因为他曾经在北大当过两年讲师。

　　不久，樊锦诗收到了北大录取通知书，成为家中唯一考上大学的孩子，父亲对她寄予了很高的期望。在去北大之前，父亲曾与樊锦诗促膝长谈。父亲说："你考上了北大，未来的人生将会是另外一个天地，你将会有更加广阔的视野。"

　　从那一刻起，樊锦诗的未来已隐约与敦煌相连。

　　1958年，刚刚20岁的樊锦诗独自辗转三天三夜，从上海来到了北京。整个20世纪50年代的北大校园，洋溢着为共和国建设而奉献的热情，几乎所有的年轻人都毫不怀疑，一个中国历史上从未有过的时代正在来临。

北大思想自由，兼容并包的学术风气感染着她，人才济济的历史学系影响着她，使她夯实有力地扎根于知识的土壤。

北京的艺术氛围也令她充满热情。一次，几个同学相约去王府井的北京人民艺术剧院看话剧《雷雨》。话剧结束时错过了末班车，于是就和同学三五成群地唱着歌，从王府井一路走回校园，到学校已是凌晨4点。

独立人格、自由思考，奋力开辟新领域，投身国家和民族最需要的事业，这就是北大带给樊锦诗一生的精神财富。

徜徉在知识和艺术的海洋中，樊锦诗度过了美好的大学时光。1962年的毕业实习，她迎来了与敦煌相遇的时刻。

当时，常书鸿先生向北大求助，希望调一些考古专业的学生进行莫高窟外的考古发掘——樊锦诗被选中了。实习还没结束，水土不服的樊锦诗便提前回校。

没想到，毕业分配时，樊锦诗竟然被分到了敦煌。她写信告知父亲，父亲立刻回信，反复强调且极力提醒她体质不好，可能无法适应大漠的艰苦环境。她发现信里面还夹着另外一封信，是父亲想要转给北大领导的，大致内容是"小女自小体弱多病"等，请领导派遣其他体质好的人去敦煌。

樊锦诗透过字里行间读懂了父亲的担心与焦虑，但自幼拥有

樊锦诗在北大未名湖畔　　1962 年 10 月，樊锦诗（左三）在敦煌莫高窟实习

极强个性的她，手中攥着父亲的这封信，徘徊许久。"不能交，坚决不能交"，当时的她已经向学校表态服从分配，如果又把父亲牵扯进来为她说情，这种做法她觉得不妥当。

"国家需要我们到什么地方去，我们就到什么地方去。"就这样，樊锦诗决心把一辈子交给敦煌。

从那以后，父亲便不再和樊锦诗提及此事，只是让她及时和家里保持联络，并语重心长地叮嘱她："既然是自己的选择，那就好好干！"父亲的这句话，也让樊锦诗彻底长大了。一个人必须接受自己的选择，无怨无悔。

如今，父亲早已离世，但樊锦诗仍清楚地记得父亲的谆谆教导，记得他弯腰画图纸、做研究的模样。

相恋于未名湖、相爱在珞珈山、相守于莫高窟

> 从前的日色变得慢
>
> 车，马，邮件都慢
>
> 一生只够爱一个人
>
> ……

木心这首诗用来形容樊锦诗的爱情再贴切不过。

彭金章是樊锦诗的大学同班同学、班上的生活委员，管理同学的吃穿住行，操心里里外外，因此，同学们都称他"大臣"。

他对樊锦诗格外照顾，而樊锦诗却异常迟钝。

樊锦诗喜欢到图书馆看书，彭金章便早早来到图书馆"占座"。但两个人只顾默默看书，你也不说话，我也不说话。

彭金章送了一块色彩鲜艳的手绢给樊锦诗，黄色手绢带着绿点和红点的花纹，樊锦诗心想，这手绢实在俗气。彭金章带来了老家的腌鸡蛋送给樊锦诗，樊锦诗心想，这有啥好吃的，但又觉得对方朴实得可爱。直到有一天，彭金章对樊锦诗说要带她回老家见见哥哥，她才明白了彭金章的心意。

此后，双方谁也没有表白，只是常常相约一起去未名湖畔散步，有时，彭金章还会带着樊锦诗去爬香山。大四暑假，姐姐告诉樊锦诗，家里给她相中一个人，樊锦诗随即向父母说明，自己已有意中人，出身农村，是自己的北大同学。

樊锦诗——漠上花开无声响，心之所归是敦煌

O35

1964 年，樊锦诗在敦煌

那时，她便笃定，身边有老彭，便是心安之所在。

1963 年，大学毕业后的樊锦诗与彭金章天各一方。樊锦诗去了敦煌，而彭金章则去了武汉大学。"异地恋"对于热恋中的情侣是残忍的，他们彼此只能靠书信往来寄托思念。

男大未婚，女大未嫁，在他们所处的时代是不被认可的。彭金章身边有不少同事热心给他介绍对象，他却表现得异常不积极，时间久了大家才知道，彭金章原来早已心有所属。看到他固定通信的收信地址是敦煌，同事们调侃他："原来你的这位同学是个'飞天'呢！"彭金章低头，沉默不语。

1965年，彭金章主动去敦煌看樊锦诗，两人见面后激动不已，那是他们毕业后第一次相见，从考古到艺术，聊了很多……

1964年，樊锦诗在敦煌莫高窟工作

他们在一起总有说不完的话。

樊锦诗带彭金章去爬鸣沙山，但谁也不敢提及未来。没想到，彭金章离开敦煌时，拉起了樊锦诗的手，对她说："我等着你……"樊锦诗哽咽了，内心百感交集。

她回忆当时的情景说："这是我期盼的，又是我无法承受、无法给予回报的。"

1967年，他们的婚礼在武汉大学彭金章的宿舍举行，非常简单，彭金章的室友将宿舍让了出来，就这样，宿舍成了"婚房"。让两人没有想到的是，他们即将面临长达19年的两地分居。

每隔一两年，樊锦诗才有短短20天的探亲假，从敦煌去武汉探望彭金章。他们的爱情经住了时间的考验与岁月的打磨，他们用实际行动宣告了爱情的忠贞不贰——你未在我身边，我却挂念你在心头。

樊锦诗坚守在敦煌莫高窟搞研究，与一望无际的戈壁和洞窟每日进行对话。在与彭金章分居的19年里，彭金章读懂了她——她不会放弃敦煌，她已扎根于敦煌。虽然，她也曾有机会离开敦煌。

"文化大革命"结束后，彭金章急切地希望樊锦诗尽快调往武汉。儿子也很着急，因为武汉大学刚盖好一批教工家属楼，符合入住条件的老师都搬到家属楼去了，儿子的小伙伴也都搬了。由于只有彭金章一个人的户口在武大，不符合条件，儿子便写信抱怨此事。

可樊锦诗却犯了犹豫，既对彭金章有感情，想念孩子，想去武汉；又对敦煌的事业有感情，想留在敦煌，干点儿实事。甘肃和武汉大学两方面的组织都坚决不放人，希望对方让步。直到1986年，为了双方的调动问题，甘肃省委组织部、宣传部竟各派出一名干部找到了武汉大学负责人。武汉大学没办法，便让夫妇俩自己决定。就这样，老彭最后做出了调去敦煌的决定。

漫漫岁月，樊锦诗一直坚守在敦煌，她是一位有事业心的女性，而彭金章成就了她的事业和梦想。

樊锦诗对彭金章始终心怀感激："他在我还没提出来的时候，自己提出调来敦煌。如果他不说，如果那时候他拿出一家之主的威严，也许我就去了武汉，因为我绝对不会因为这件事放弃家庭，甚至离婚，我没有那么伟大。但是他没有，他知道我离不

樊锦诗和彭金章毕业时在北大未名湖畔合影

开敦煌，他做出了让步，如果没有他的成全，就不会有后来的樊锦诗。"

1986 年，彭金章放弃在武汉大学的学术生涯，追随她来到敦煌。从"零"开始，他放弃商周考古的专业方向，改行主持莫高窟北区石窟200多个洞窟的清理发掘工作，从讲台到田野，他在敦煌开掘着自身学术发展的更多可能。

用樊锦诗的话讲，彭金章这一生不容易，小时候家境贫寒；长大以后娶了她两地分居，家不像个家；自己开创的考古专业为了她中途放弃；还没来得及享受天伦之乐，晚年又得了重病。

敦煌莫高窟九层楼全景（敦煌研究院供图）吴健/摄

2017年春天，彭金章查出晚期胰腺癌。住进医院后，他日渐虚弱，有一天，樊锦诗轻轻地摸摸彭金章的额头，当时已经极度虚弱的老彭奋力抬起身子，搂过她吻了一下。当他的生命快要走到尽头之时，樊锦诗赶到医院大喊："老彭！老彭！老彭！"她一叫，已经陷入昏迷的彭金章就流眼泪了。樊锦诗说："我想他应该是听到了，那时是中午12点。"

2017年7月29日，彭金章辞世。"一个月后，我又回到了敦煌。一切都是老样子，只是我的老彭不在了。"樊锦诗说。

葬礼异常朴素，樊锦诗没有惊动任何人。

彭金章走后的半年内，樊锦诗整整瘦了10斤。她总爱痴痴地"骗"自己，她的老彭还没走，别人有时问她和谁一起过年？她

1965 年，樊锦诗与彭金章在敦煌合影

的回答是老彭陪我。

每次出门，她都想着要轻点关门，老彭身体不好，别影响他休息。

2019年除夕夜，樊锦诗如往常一样准备好年夜饭，多留一份碗筷，把一张老彭特别喜欢的照片放大，放在自己身边，对他说："老彭，晚上咱俩一起看春晚。"

彭金章一辈子疼她、爱她、照顾她，却未能陪她走完此生，人生的遗憾莫过于此。

什么是真正的爱情？大概就像樊锦诗和彭金章夫妇这样，在候忽短暂的一生中默默地守护对方，彼此温暖、彼此成就。

樊锦诗与彭金章　　　　　　　　樊锦诗、彭金章夫妇

"我不是好母亲"

樊锦诗在自传中坦言，自己不是一位好妻子、好母亲，因为自己完全没有尽到做妻子、当母亲应尽的责任。事实上，她也经历了一位妻子和母亲的艰难。

樊锦诗有两个儿子，大儿子予民1968年11月在敦煌出生。孩子出生好几天后，彭金章才赶到敦煌，待了十几天，又匆匆赶回武汉。樊锦诗便独自在敦煌带着一个还没满月的孩子，没人照料，只能自己动手熬小米粥，炖羊肉汤。她对自己说，千万不能再病倒了，要是自己病倒了，孩子就更可怜了。

孩子长到3个月的时候，奶水不够了，樊锦诗让家人从上海寄奶粉过来。男孩子胃口好，稍大后1个月要吃五六斤奶粉。

樊锦诗的两个儿子

　　产假休完了，樊锦诗要上班，孩子没人带，只能捆在襁褓里。临走前喂饱了，中间回来再喂一次奶。孩子长到六七个月，还捆在襁褓里，大家都说不能再捆了，孩子大了会挣扎，万一绳子套在脖子上就很危险。

　　从此，樊锦诗上班的时候总是提心吊胆，回宿舍远远听到孩子的哭声反而心里踏实一些；如果开门孩子冲着自己笑，便赶紧过去亲亲他；如果没有孩子的声音，就会担心是不是出事了？

　　一次，樊锦诗开门看到孩子一个人在玩，非常开心，但旁边屎拉了一床；还有一次，她下班回到宿舍，看到孩子从床上滚了下来，脸上身上沾满了地上的煤渣子，差点滚进旁边的炉子里。

　　这两件事之后，她意识到孩子不能没人照看，于是死缠烂打地恳求同事的母亲帮忙，老人家勉为其难地照看了半年，说什么也不愿意再帮忙了。樊锦诗思考再三，最后不得不把孩子送回河北，托给彭金章的姐姐照看。

第二个儿子晓民1973年在武汉出生，休完产假，樊锦诗要回敦煌上班，只能请彭金章的姐姐继续帮着带晓民。晓民在送去河北老家的路途中，因重感冒引发了严重的哮喘。在河北，晓民还曾因为青霉素过敏，差点丢了性命。

晓民到了河北，大儿子予民便随父亲回到了武汉生活。晓民在河北长到了5岁，因为彭金章的姐姐有了自己的孙子，负担很重，樊锦诗便决定到河北接回孩子，回到武汉一家团圆。如果调动的事情没有眉目，那就半年不回单位上班，自动脱岗，自动离职。

没想到，在武汉的这段日子，樊锦诗晚上经常失眠，壁画萦绕在眼前，挥之不去。与此同时，没有工资，一家人的生活靠着彭金章一人的收入也难以维持。

于是，樊锦诗带着二儿子重返敦煌，调动的事情还是没有解决，省委、省政府主管部门不同意樊锦诗调走，樊锦诗只能一边工作一边照料患有哮喘的晓民。

晓民在妈妈的身边身体一天天好转，可莫高窟这一带的教育资源实在匮乏。晓民在上学以后，回来还常常问妈妈为什么2减1等于1？为什么36除以6等于6？有一次，孩子写了错字，樊锦诗指出来，孩子却说老师就是这样教的。

樊锦诗逐渐意识到不能再让孩子待在敦煌接受教育，彭金章便借着探亲之机将老二送到上海的姨妈家寄养。可孩子在上海却不好好上学，经常独自跑掉，说要坐火车去敦煌找妈妈。

哪个年纪小小的孩子不依赖母亲？母爱的缺失，导致孩子的性格也变得敏感。

无奈之下，彭金章把晓民也接到了武汉，一个男人带着两个孩子生活。

樊锦诗曾无数次坐在敦煌的戈壁上，看着一望无际的大漠，反思自己，愧疚和难过涌上心头，她认为自己完全没有尽到一位妻子、一个母亲的责任，相反，彭金章却在孩子面前不停地切换着"父亲"和"母亲"的角色。

由于长期两地分居，两个孩子小时候的教育受到了影响。老大的学习成绩一直不理想，彭金章为此很苦恼；老二也只读到了大专，夫妻俩没有给他创造更好的学习机会。

由于对孩子的内疚，樊锦诗在家从不训斥孩子。她在与孩子的相处中，善待、理解、引导他们，遇到事情与孩子耐心讲道理。她对孩子的要求很简单，不能做坏事，成人后能够自立，为社会做点有益之事。

樊锦诗没有为自己的孩子们留下什么遗产，她捐出了所有个人所获得的奖金用于敦煌的保护工作。如今，她的孩子们各自有了独立的生活，时常也会跟母亲说，自己为有这样一位母亲而自豪。

"我为敦煌尽力了"

樊锦诗觉得自己不是个好妻子、不是个好妈妈，只因她把一切献给了敦煌。

说起莫高窟，樊锦诗如数家珍："刚开放的时候，一年的游客量只有一两万人，今年一年可能是200万人。这可了不得啊！""游客量从10万人到20万人用了15年的时间。可是后来我发现，1998年到2001年，短短3年游客增加了11万人。那时已经意识到要变化了，游客正以加速度增长。"

敦煌最古老的洞窟距今已经1600多年，"它已经是非常衰弱的一个老人"。这么多的游人来到洞窟里，呼出的二氧化碳、温度、湿度全都变了，这都对洞窟造成了影响。

洞窟的承载能力如何?经过10年工作人员对每个洞检测，最后得出一个数字——每天6000人。

> 让游客参观莫高窟是我们的职责，可什么都有一个度，你不能让人们无穷地进洞窟。还有一点，观众来到这里是没有准备的，他们虽然进了洞窟，但其实很多人没有看懂。所以我们既要保护洞窟，又要叫观众看好。绝对不能因为观众参观而忽略了保护洞窟，也不能因为要保护洞窟而不让观众参观。
>
> ——樊锦诗

2003—2014年，由樊锦诗牵头，敦煌研究院花了11年的时间去建设"数字敦煌"。其实这个想法，早在20世纪80年代就已经萦绕在樊锦诗的心头。

樊锦诗在敦煌工作

当时有一次去北京出差，樊锦诗看见别人摆弄电脑。要关机的时候，樊锦诗问："关了不就没了吗？"人家告诉樊锦诗，这个是数字的，只要自己不删除，永远都不会消失。樊锦诗当时就想，敦煌的壁画能不能也搞成这种永远不会消失的数字形式呢？

想法有了，实现起来却困难重重。20世纪八九十年代的设备能力有限，尤其是摄影达不到高清程度，即使把图像数字化之后也不尽如人意。但樊锦诗很坚定，"数字化"的事情一定要做，因为壁画每天都在发生极其细微的变化，趁早把它们记录和保留下来是研究者的责任。

2003年，中国人民政治协商会议第十届全国委员会上，樊锦诗提交了一份议案。议案中详细描述了"数字敦煌"的设想，这也是樊锦诗关于"文物保护和接待游客之间的平衡"的思考结果。

经过反复技术论证和调研，2007年底，国家发改委通过了《关于甘肃敦煌莫高窟保护利用工程可行性研究报告的批复》，敦煌莫高窟保护利用工程正式立项。2008年底，总投资2.6亿元的敦煌莫高窟保护利用工程正式开工。工作人员邀请国外的先进团队参与，利用科技手段，将洞窟壁画、彩塑搬到洞外展示，建成了莫高窟数字展示中心，让游客先观看4K超高清宽银幕电影《千年莫高》和8K超高清球幕电影《梦幻佛宫》，对敦煌艺术有了初步体验后，再到莫高窟实体适度观赏洞窟。

要让观众看明白，为什么叫莫高窟，莫高窟与汉武帝、张骞、丝绸之路的关系等。还有一些洞窟是不开放的，观众也能在'数字敦煌'上面看。游客普遍反映这种参观方式使千年文物走出洞窟，激活了其生命力，比单一参观洞窟效果更好。

——樊锦诗

如今，早已满头白发的樊锦诗还在继续着敦煌的考古工作。由她牵头编写的《敦煌石窟全集》第一卷《莫高窟第266—275窟考古报告》于2011年正式出版。现在，樊锦诗仍带着她的团队进行着第二卷的编写工作。"我们表面上看到一幅画，可以知道名称、尺寸，还有所处的位置。看不见的有：画下面是什么，画是什么材料构成的。这就需要分析了，不是一个人能完成的，需要一群人，做起来就不是那么容易了。"樊锦诗说。

樊锦诗的恩师宿白先生曾在《敦煌七讲》中详细地介绍了敦煌石窟"正规记录"的方法，内容包括洞窟内外的结构、塑像和壁画的各种遗迹的测绘、尺寸登记表、照相草图和登记工作、墨拓工作、文字卡片记录和简单小结卡片等。

宿白先生认为，正规的石窟记录"就是石窟的科学档案"，要研究整理出可以永久保存的敦煌石窟科学档案，为各种研究提供科学资料。在石窟损坏甚至全部塌毁了之后，未来还能够根据记录进行科学复原。这一点对石窟遗迹来讲，尤其重要。

在《莫高窟第266—275窟考古报告》的编写过程中，樊锦诗曾不时向远在北京大学的宿白先生请教。可是，无论樊锦诗怎么做，宿白先生就是不认可，特别是宿白先生对她采用小平板和手工测绘方式的测绘图不满意。

莫高窟洞窟结构多为曲线，壁面也不平整，如果采用小平板和手工测绘，图形和数据都不准确。经过反复论证，樊锦诗决定改用三维激光扫描仪，结合计算机软件辅助绘图方法进行测绘。这一方法最终得到了年近90岁的宿白先生的认可。

《敦煌石窟全集》第一卷出版后，第二卷的编写过程碰到很多难题。第二卷含洞窟3个，塑像有40—50个，洞窟结构复杂，研究难度大，工作量远远大于出版的第一卷。樊锦诗说："再难，

樊锦诗

我们也要坚持做下去，把报告做出来。"

　　这个活确实非常枯燥。比如，一个洞窟有几尊菩萨，正面可以扫描，背后扫不着了，就要我们搞测量的人去补。这里还有附录：材料要颜料分析，有附录；过去伯希和、张大千，都做过哪些研究，也都在附录里。

——樊锦诗

　　樊锦诗说"多卷本《敦煌石窟全集》的考古报告是一个庞大、艰巨、持续的工程。以我现在的身体状况，最多再做两本。经过两三本，把难题都碰过以后，加上技术再发展，将来效率会越来越高。"

那是几辈子可能都做不完的工作，但樊锦诗仍然没有忘记自己作为一个考古人的初心："我真的感到很内疚！考古报告拿出来得太晚了，心中一直很不安。但令我感到欣慰的是，已出版的第一卷到现在为止还没有听见批评的声音，算是给保护工作提供了科学档案，也为人文社会科学研究提供了准确资料。"

樊锦诗因对敦煌的守护而被人们誉为"敦煌的女儿"。她用自己的大半生践行了莫高窟精神："坚守大漠，勇于担当，甘于奉献，开拓进取。"或许正如这位可敬的老人所言："在敦煌面前，在莫高窟面前，生命的意义已不只是活过的那几十年。"

她说："如果我死时让我留一句话，我就留这句：我为敦煌尽力了。"

1963年夏天那个赴敦煌报到的北大毕业生，如今已缕缕青丝变白发，成为敦煌研究院名誉院长，为了敦煌，她与丈夫分居了19年，在敦煌守护了50年，有人问樊锦诗后不后悔，她说："如果还有一次选择，我还会选择敦煌，选择莫高窟。"

常沙娜

我永远是敦煌的女儿

撰稿 ｜ 桂姝蕾
电视记者 ｜ 孟颖　董海林　韩东豫

2018年，88岁的常沙娜，满头银发，眼神明净清澈。接受采访时，谈及自己熟悉的敦煌，她眉眼弯弯，发自内心的欢喜，灵韵也随之溢了出来，不禁让人想起西域戈壁，想起敦煌。

大漠孤烟像是故交，长河落日成了邻伴，敦煌壁画做了知己。她身上有一份朴素、优雅的宁静，那是一生浸润在敦煌留下的气质。

参与设计人民大会堂，传承景泰蓝工艺……1949年之后从美国返回北京的常沙娜所做出诸多专业贡献，都离不开同一个源头：敦煌及敦煌的守护神、父亲常书鸿。

中秋回家

2018年中秋，常沙娜远赴敦煌，参加"花开敦煌——常书鸿、常沙娜父女艺术作品展"开幕式，这次展览对常沙娜来说有着特别的纪念意义：1946年，父亲常书鸿带着她在兰州首次举办画展，引起了国内外艺术界的关注；时隔70余年，常沙娜与父亲的作品再一次共同展出。

此次展览囊括了父女俩跨越百年的上百件艺术作品，帮她一同整理展览资料的还有她的儿子——中央美术学院的建筑师崔冬晖。为了在北京过中秋节，一家人提前张罗上了团圆饭。

得知小孙辈因故不能到来时，她在一旁惋惜地念叨了许久。又因中秋的缘故，常沙娜不时陷入对父母的回忆。

她是一位艺术家，更是一位普通的老者，她的一笔一触勾勒出敦煌，她的慈眉善目和闲话家常却释放出烟火气息。

"沙娜，不要忘记你是敦煌人。"父亲常书鸿曾经写信这样叮嘱她。曾任敦煌文物研究所所长的常书鸿，到了晚年还眷恋着大漠深处的敦煌，惦念着敦煌艺术，他是在这样深切的怀恋中离开人世的。

常书鸿的墓碑上刻着五个字——"敦煌守护神"，在这个充满佛的地方，被称为"神"的凡人，只有他一个。

"我是在法国里昂出生的。由于爸爸和我的命运，都与中国西北大沙漠中的敦煌难解难分，许多人误以为'沙娜'即沙漠与婀娜多姿之意。但我的名字'沙娜'是法文'Saone'的音译，而La Saone（索纳）是法国城市里昂的一条河流。"

名字不只是一个称谓，它还是一种隐喻和暗示，甚至会潜移

常沙娜接受采访

默化地影响我们一生。尽管常沙娜十分清楚自己名字的来历，但也时常感觉"沙娜"二字隐喻着某种缘分。正是这缘分，促使她跟随父亲走进了茫茫沙漠，走进了神奇的敦煌石窟。而那时，常沙娜才12岁，好像一朵婀娜多姿的盛开的沙漠之花。

初到敦煌时，一家人住在莫高窟崖壁下的破庙里，桌、椅、床都由土堆成。没有电，晚上点的是油灯。滴水成冰的屋里也没有任何取暖设备。住所的周围被戈壁包围，最近的村舍也在几十里外。

敦煌缺水，不能洗澡；一盆水擦脸、擦身、洗脚，还舍不得倒掉。餐桌上的饭菜很简单，常常是一碗大盐粒、一碗醋、一碗水煮切面，那儿也没有蔬菜。

常沙娜说："在敦煌，没有中秋节的概念，那里没有月饼，我们吃东西简单极了。刚去的时候就是一碗醋、一碗盐和面。因为水碱很大，要加点醋。春天的时候，榆钱再弄点盐油炒一炒是最棒的。所以我爸爸就提倡要种树，他也带头种菜。"

在物质匮乏的条件下，常书鸿把整个身心扑在敦煌艺术研究和保护等工作上。常沙娜说："人们常说我母亲是受不了敦煌之苦才离开的，但不知道还有其他原因。那时候国民党忙于战争，决定撤销敦煌研究所，将石窟交给地方，并停拨经费。爸爸对敦煌的保护工作刚起了头，如何心甘？为这事，父亲有时候回家发脾气，因一点小事和妈妈发生口角。那段时间，他们总是争吵不断。"

"在这种朝不保夕的颠沛与恐惧里，妈妈成了一个虔诚的天主教徒，她在房间里还挂了一幅圣母玛利亚像，天天做祈祷，但到洞子里都是佛教，虽然是两个不同宗教，但是从艺术的角度她觉得早期北魏、唐代的彩塑很漂亮，也坚持待了一两年。"

"但是生活很枯燥，再加上我父亲压力太大，所以他对我母亲感情上的安抚、关心不够，母亲也感觉到很失落。后来，母亲说她身体不好，要到兰州去看病，结果去了兰州再也没回来。"

妈妈走后，常沙娜不得已中断了中学学业，回家照顾弟弟。没有条件上学，父亲便为她量身定制了课程，由父亲的学生董希文和苏莹辉等人辅导中西方美术史，同时和敦煌研究所的工作人员一起临摹洞窟壁画。

常沙娜随着擅长画工笔仕女的邵芳进洞，从毛笔勾线到着色，邵老师成为她的工笔重彩老师。不知不觉中，她也逐渐精通了壁画方面的知识。

"我每天兴致勃勃地登着蜈蚣梯，爬进洞窟临摹壁画。父亲要求我将北魏、西魏、隋、唐、五代、宋、元各代表石窟的重点壁画全面临摹一遍，并在临摹中了解壁画的历史背景，准确把握历代壁画的时代风格。"

建于五代时期的窟檐斗拱上鲜艳的梁柱花纹；隋代窟顶的联珠飞马图案；顾恺之春蚕吐丝般的人物衣纹勾勒；吴道子般吴带当风的盛唐飞天；金碧辉煌如李思训般的用色……

"满目佛像庄严，莲花圣洁，飞天飘逸，我如醉如痴地沉浸其中，画得投入极了，在大漠荒烟中修行着自己艺术人生第一阶段没有学历的学业。"

早晨的阳光直射进来，照亮洞窟彩塑的佛陀和慈眉善目的菩萨，头顶是节奏鲜明的藻井图案，围绕身边的是色彩斑斓的佛传故事、西方净土变画面，常沙娜的青春年华就这样在敦煌石窟中度过。

敦煌守护神

常书鸿与敦煌的结缘，源于1935年一天在塞纳河边的一场

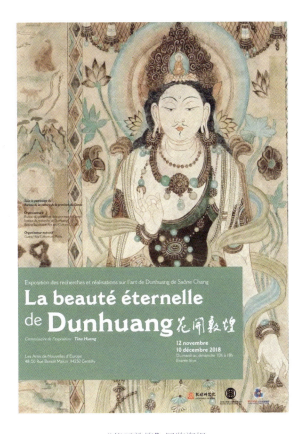

"花开敦煌"展览海报

"邂逅"。他在巴黎时喜欢散步,当他来到塞纳河边的旧书摊时,不经意发现了一部由6本小册子装订成的《敦煌图录》。

这套《敦煌图录》是1907年伯希和从敦煌石窟中拍摄来的,常书鸿被深深地震撼了,这是他第一次认识到来自故土的艺术魅力。

中学时的常沙娜

常沙娜在工作

　　人们往往在经历生命重要时刻时并不自知，常书鸿也不知道，这里就是他未来将要奉献一生的地方。

　　在这场"邂逅"前，在艺术上，常书鸿对西方彻头彻尾地崇拜。常沙娜回忆："父亲后来曾经说：'我是一个倾倒在西洋文化面前，言必称希腊、罗马的人，现在面对祖国如此悠久灿烂的文化历史，自责数典忘祖，真是惭愧之极，不知如何忏悔才是！'"

当年，常沙娜的父亲在法国无论是生活还是工作，都一帆风顺。到巴黎后不久，他就获得了公费留学的名额，进入里昂中法大学学习。他的作品《湖畔》被选送参加里昂1933年春季沙龙展，获银质奖，并被法国里昂国立美术馆收藏。

常沙娜说："小时候我家住在巴黎第14区48号，房子有一个长长的阳台，装饰着很好看的花纹护栏。周末我家就成了中国留学生聚会的场所，王临乙、吕斯百、曾竹韶、唐一禾、秦宣夫、陈世文、滑田友……都是座上宾，徐悲鸿和蒋碧薇到巴黎办展览时也来做客。"

常沙娜说："我宁愿相信，冥冥之中有一种力量在指引父亲走向敦煌。父亲那时已是在法国取得桂冠的东方画家，完全可以在法国过着一种舒服而优裕的生活。但站在这些来自祖国的艺术瑰宝前，父亲仿佛一下子找到了终生创作的源泉，内心深处有一个声音在召唤着他回中国，去敦煌。"

1936年，常书鸿终于坐在了回祖国的火车上。但因那时西北战局不稳定，他只好先在北平国立艺专教书。不久后，抗日战争爆发，常书鸿一路从北平逃难到武汉、长沙、贵阳，直到重庆。

那时，常沙娜只有6岁，本该无忧无虑的童年，却闯入了无情

20 世纪 90 年代，常沙娜为中央工艺美术学院染织系学生讲课

的战争。回到祖国，连中国话都不会说的常沙娜就被卷进了逃难的洪流，不知何处为家。

经过 6 年的坎坷风雨和漫长等待，1942 年冬，常书鸿只身离开重庆赶赴兰州，向着心中的艺术圣地敦煌出发。

几个初次出塞的行者，雇了十几头骆驼，在经过一个多月的长途跋涉之后，走入真正的荒凉之地。经过饱受困乏和饥渴的行程之后，终于到达了莫高窟。

常沙娜说："父亲晚年常对我说，那时，他眼前是满目疮痍的敦煌，和在法国邂逅的敦煌截然不同。失望之余，他内心默默地说：既然来了，我就要保护你。"

第一顿饭用的筷子是刚从河滩红柳树上折来的树枝，吃的是盐和醋拌面。一夜风沙之后，他们和民工一起清理掩埋洞窟的积沙，敦煌石窟保护工作开始艰难起步。

没有人力，缺乏经费，他们自己搭脚手架，修简易栈道，进洞要连爬带跳，从危栏断桥上匍匐前进。

洞中幽暗，没有照明器材，常书鸿就在小凳上工作，一手举小油灯，一手执笔，照一下，画一笔。

生活虽艰辛，但洞窟编号、内容调查、美术临摹从未间断。就这样，到1948年，常书鸿带领研究所完成了"历代壁画代表作品选"等十几个专题，共选绘摹本800多幅，为敦煌资料的调查、积累打下了坚实基础。

常书鸿曾写道："敦煌苦，孤灯草菇伴长夜。"他苦行僧一般的执着，最终使这座巨大的文化遗产宝库没再受到更多的破坏。

他把自己的一生都奉献给了敦煌艺术，经历妻离子散的种种不幸和打击，仍然义无反顾，几十年如一日地组织大家修复、研究、临摹壁画，搜集整理流散文物。

直到晚年，常书鸿依然惦念着敦煌。

莫高窟有一座倚崖高楼，人称"九层楼"，檐角都挂着铃铎，叫作"铁马"，不管白天黑夜，都在微风中摇曳作响，常书鸿听了几十年。退休迁居北京后，他在家中挂了好几个铃铛，微风一吹，叮叮当当，就像敦煌九层楼的铁马叮当，时时呼唤着他。

永远的敦煌少女

> 回顾我这辈子的成果，图案教学也好、设计也好，包括20
> 世纪50年代人民大会堂的设计，都和敦煌艺术的精神分不开。
>
> ——常沙娜

常沙娜的一生充满了传奇色彩，她的经历和遭遇都是不可
复制的。幼年经历战争，少年时代母亲出走、学业中断、生活
困苦，但她少年时代在敦煌的摹画生涯却是她一生受用不尽的
财富。

1946年春天，"常书鸿父女画展"在兰州举办，常沙娜临
摹的一批敦煌壁画作品在展览上一并展出。一位加拿大籍的犹太
人叶丽华看了展览，非常喜欢常沙娜的作品，和常书鸿说想要介
绍她去波士顿美术博物馆附属美术学校学习，并愿意做她的监
护人。

常沙娜说："去美国时，我随身带了自己临摹的100幅敦煌壁
画。临行前，父亲在南京筹备的'敦煌艺展'也开幕了，展出了
800多幅敦煌壁画摹本。"

在美国的学习使常沙娜的视野更加开阔，敦煌以外还有希
腊、罗马，还有埃及与两河流域，她开始了解各种文化之间的联
系，也了解到敦煌艺术与西域丝绸之路文化的渊源。

听闻中华人民共和国成立，她抛下未完成的学业回国参与国

1933 年，常沙娜与父母在法国巴黎留念

家建设。在北京举办的一次敦煌艺术展上，常沙娜为梁思成和林
徽因夫妇导览。林徽因非常欣赏常沙娜的才华，邀请她到清华大
学营建学系担任助教。

常沙娜与儿子讨论绘画

　　常沙娜由此开始了工艺美术设计之路。梁思成和林徽因希望她把敦煌传统艺术运用于建筑和设计，为此，常沙娜反复研究敦煌壁画和石窟建筑特色，形成了独特而又富含传统艺术的设计风格。

　　敦煌文化始终贯穿在常沙娜的工艺美术设计中，如人民大会堂宴会厅的天顶华灯、人民大会堂外立面柱廊上方琉璃瓦门楣等，这些设计都融入了敦煌的艺术风格，也代表着常沙娜的艺术特色。

　　1983—1998年的15年间，常沙娜任中央工艺美术学院院长。她致力于推动敦煌图案的整理与教育工作，主持并参加中国政府庆祝对香港恢复行使主权赠给香港特区政府的纪念物《永远盛开的紫荆花》雕塑。

2001年，中国美术馆举办了她平生第一次个人画展"常沙娜艺术作品展"，其中包括敦煌壁画摹本、历年设计成果和花卉写生三类作品。

同年，她两次带领4名研究生专程去敦煌整理、摹绘各类装饰图案，完成了艰巨的课题《中国敦煌历代装饰图案》并结集出版。这一研究成果具有很高的学术价值和实用价值。

敦煌艺术情结自少女时代起便贯穿常沙娜的一生。"应该说，我确实是幸运的。我有一个被称为'敦煌守护神'的父亲，我得天独厚地在千年石窟艺术精神的哺育下长大……"

三代人的敦煌情结

"敦煌对我来说，一开始是新鲜的，后面是有情怀的，这里包含了我们整个家族对敦煌的贡献与感情。"常沙娜之子崔冬晖说，"敦煌对我来说，不是一个具象的东西，它是抽象的，是一种精神，是一种工作的状态和方法。对上两辈人的学习，才是一个真正意义上的传承。"

崔冬晖也从事设计工作，现任中央美术学院建筑学院副院长。他去过7次敦煌，跟母亲和外公相比，他去的次数不算多，但是敦煌对他来说，更像是一种精神上的力量。

崔冬晖生于1976年，那时正是常沙娜工作最繁忙的时候。常沙娜经常把儿子带在身边，她的艺术理念潜移默化地影响着崔冬晖。

崔冬晖说："小时候我对树叶、天空这种很日常的事物感兴趣，妈妈会跟我说，在古代人们对这个东西有另外的叙述方式和绘画方法。她会刻意找到敦煌以前相应的一些图案给我。"

母亲潜移默化地将艺术的种子播种在崔冬晖幼小的心田里。他经常看到母亲连续工作到深夜，和同事进行讨论，修改设计稿，这种专注的工作态度也给崔冬晖留下了很深的印象。

"母亲今年已经88岁了，上个月她还在为人民大会堂很多地方做修补和局部更新的设计，包括材料的选择。她对这个建筑带着饱满的热情，她一直跟我说当时周总理是怎么感谢设计师，建筑师在这么困难的时候，用这么短的时间建立起这样恢宏的建筑。我觉得这也是一个设计师应该具备的职业素养，非常低调、谦和且持续性地对这个空间进行一种呵护和修订。"崔冬晖说。

常沙娜经常跟儿子讲述外公一生不平凡的经历。即便外公遇到了种种不幸和颠沛流离，但他都能将自己调整到一个比较好的状态继续工作，这是自我修养和自我约束能力的体现。

崔冬晖说，外公常书鸿晚年特别谦和，对孙辈也非常呵护。他说，外公是一个含蓄的人，小时候每次去看望外公，外公都会给他写幅字。而他印象最深的就是"勤奋"这幅字。这是家训，也是外公对于小辈的激励和期望。

相对于外公和母亲传奇而曲折的一生，崔冬晖的人生比较顺遂。他初中阶段才选择绘画，因为对环境艺术感兴趣，也就自然而然地走上了设计这条路。

目前，崔冬晖主攻城市空间设计，北京很多地铁站的室内设计都出自他的团队。

北京奥运会之前，中央美术学院承接了北京市轨道交通的设计，崔冬晖提出了中国传统文化设计理念的收集和整理及再创造。他认为，越大型的空间，越需要提取中国传统的文化元素，为空间的改造和设计营造个性化的特征。

他说："我也感觉到其实敦煌给我的指引是一种精神性的，传统的东西在现代语境下找到一个准确的表达手法，会变得越来越现代，而且越来越国际化。在寻找传统元素复兴的过程中，敦煌是一个巨大的宝藏。而这个宝藏中除了我们看到的图形、图案等有形的东西以外，更多的其实是精神性的东西。"

常沙娜说，父亲常书鸿的座右铭就是"生命不息，跋涉不止"。带领她走进艺术殿堂的父亲常书鸿一辈子坚守着大漠，为保护、宣传敦煌文化不遗余力地奔走。而她这辈子也遵从了父亲的人生信条，认认真真做事。她希望儿子也能继承外公这种"杭铁头"精神。

敦煌文化和精神在三代人中一脉相承，这一切，都源于他们对敦煌深深的眷恋和对中国传统文化艺术的热爱与传承。

谷建芬

余生的光阴全部留给为孩子写歌

撰稿 | 张震宇
电视记者 | 孟颖　王鸿杰

在那遥远的小山村，小呀小山村，

我那亲爱的妈妈，已白发鬓鬓，

过去的时光难忘怀，难忘怀，

妈妈曾给我多少吻，

多少吻。

⋯⋯

　　这首唱响在1981年的柔美民谣，介于传统和流行之间，至今传唱不绝，引人遐思。它的作曲者就是谷建芬。像这样唱响大江南北而经久不衰的歌曲有数十首，均出自谷建芬。

　　中国的改革开放实际上也是一个多世纪以来中国现代化进程的一部分，许多人远离家乡，奔向提供工作机会的城市，但是在内心深处，对故乡、母亲和村庄的怀念只会越来越深厚。谷建芬

谷建芬与刘欢等人在排练

的许多广为流传的名曲都是她自然而然地唱出来的，曲调发自她的内心，是一份份情感的传递。

我们5000多年的文化记忆，是一代代人情感的传递。到了耄耋之年的谷建芬，反而开始给古诗词作曲，让这些优美的旋律伴随着中国汉语的悠远意境，以清纯无瑕的童声，一代代传承下去。

每个人心中的美好的情感都是一段旋律，多年以来，谷建芬以自己的曲调抚慰人的心灵，她的音乐已经成为我们心中最柔软、最难忘的一部分。

《新学堂歌》

作为"改革开放后最重要的通俗音乐创作者"，谷建芬之于华语乐坛可谓功不可没。她创作的《年轻的朋友来相会》《烛光里的妈妈》《歌声与微笑》等曲目唱响了全国，成为几代人的集体回忆。

这位在中国流行音乐史上具有划时代意义的艺术家，在70岁高龄时却决定不再创作流行歌曲，而要专心致志地为孩子们写《新学堂歌》。

这一切都缘于一句嘱托。2005年，时任国务院副总理吴仪对她说："现在的孩子们都没有歌唱了，为孩子们写歌吧。"

这也引发了她长久以来郁结心头的共鸣——物质的富足使我们可以轻松满足孩子们的各种物质需要，可当他们向我们索要属于自己的歌曲时，我们却囊中羞涩、窘相百出，拿不出几首好歌来。须知孩子就是中国的未来，我们的未来没有歌唱，这是何等残酷？

于是，这位音乐泰斗在70岁的时候，毅然决定要做一名"祖国花园"里的园丁。

在她看来，那些作为百年国学启蒙教育经典的古诗词，正是孩子们从小就传唱的歌词。于是，她开始尝试为那些经典古诗词与传统文化典范诗文谱曲，《新学堂歌》便诞生了。

其实，"新学堂歌"并不"新"。

早在20世纪初期，受西方基本音乐理论和技艺的影响，举国上下的孩童们都在"西学中用"。简单来说，就是在外国曲子的基础上，填上中国的词，变得既熟悉又朗朗上口。

比如，李叔同的《送别》是根据美国通俗歌曲《梦见家和母亲》的曲调填词，沈心工的《话别》是法国民歌《一个半小时的游戏》的曲调，冯梁的《尚武精神》则来自法国思想家卢梭创作的喜歌剧《乡村占卜者》中一首舞曲的曲调，等等。

生于日本、长于中国的谷建芬，对此不仅有耳濡目染的经验，更是在创作中发掘了音乐在美育中的重要作用。

谷建芬首先从小学课本教材中开始挑选素材，进行创作。在录制《游子吟》时，她发现录唱的孩子一改明快的童声，变得舒缓。见状，谷建芬马上叫停，提出要加快节奏、改变唱法，却出人意料地遭到拒绝。

当时唱歌的那个孩子拉着她的手在录音棚里说："谷奶奶，小时候我姥姥就是这样给我说这首诗的。"

"显然，这和之前录的儿童歌曲的唱法不同。但后来，曲子在棚里缩混的时候，我的眼泪就控制不住了，就觉得这种东西是我过去没有体会过的。"谷建芬突然明白了"新学堂歌"的实质：代代相传的文化情感。

真正的教育启蒙不是让孩子们熟悉一段旋律、背诵一篇古诗，而是让他们在歌唱中真切地体会到自己的由来与归属：中华民族、华夏子孙。从此，谷建芬的选词标准只有一条：内容动人。

谷建芬将自己与孩子们换位思考，体会自己在课堂上接受古诗词学习时是什么感觉，顺其自然，有感而发。

她说："《春晓》刚写完时，我去了日本的一个华人学校，那里有很多日本孩子正在学古诗词。看到我们是中国来的老师，就被领到了他们的课堂上。我一边弹钢琴，一边教他们唱《春晓》的中文词，他们也跟着唱'春眠不觉晓，处处闻啼鸟'。"

当谷建芬亲眼看到这些歌词加上音乐的处理，能带给孩子们心灵上的感悟时，她就下决心开始一首一首地谱这些曲子。

漫漫十三年，在谷建芬的家里，堆满了各种曲谱手稿和光盘。可也就是在这看似笨拙的一笔一画中，谱就了今天大众眼中、耳中的《新学堂歌》。

《新学堂歌》推出后，收获不俗反响，并首先在重点小学、特殊教育学校和工读学校进行教育试点。年迈的谷建芬还为此亲自到各地宣讲。

谷建芬的女儿谷婴说："在特殊教育学校，孩子们听了《新学堂歌》会跟着打节奏；在工读学校，那些有轻微违反法律或犯罪行为的未成年人在一起合唱《游子吟》，还把故事场景演了出来，很多人都看哭了。"

2018年，由上海音乐出版社整理出版的50首《新学堂歌》已正式出版。谷建芬十分欣慰，她说："这算是对十几年的辛勤耕耘做了一个阶段性的总结。"

赤子之心

在艺术上，谷建芬始终有一股韧劲儿。这既来自性格，也来自阅历。

1935年，谷建芬出生在日本大阪。6岁时，父母带着她返回祖国。战乱、困苦和颠沛流离，从小造就了她的坚毅刚强。

1945年，大连解放。刚满10岁的她，听苏联歌，看苏联舞，学习苏式"巴扬"手风琴的演奏，在苏联音乐的熏陶下成长，崭露出过人的音乐天赋。

1949年后，谷建芬考入了东北音乐专科学校作曲系，接触到大量民歌和传统戏曲，从而完成多种音乐元素在内心的融合。不久，因为会弹钢琴，她被选入国家专业团体，从事钢琴伴奏。

也许由于在音乐中进入得太早、太深，而且又极具天赋，她比其他人更"认死理"，期望生活如音乐一般纯洁无暇。在与生活环境连续发生"冲撞"之后，她被发配到农村，与挚爱的音乐绝缘。

1952年，谷建芬参加作曲系第二届学生考试。

1978年，压抑已久的谷建芬终于回到创作一线，呈现在她眼前的是一个刚刚开始改革开放的中国。

电影《小花》也是在这一背景下诞生的。伴随着电影的热映，李谷一演唱的片中插曲《绒花》和《妹妹找哥泪花流》广受欢迎。但是，文化艺术界并不是所有人都能一下子接受新的艺术形式。

在一次文艺工作者大会上，《小花》插曲的作者、中央交响乐团的作曲家王酩遭到了批评和质疑，这对当时也在场的谷建芬产生了很大的影响。

谷建芬说："散会后我回到家，就赶快在钢琴上翻歌本，想看看有没有什么合适的词可以来写一首歌。当时看到一首词叫作《八十年代新一辈》，我觉得这个挺好，于是就照着词开始弹琴，就这样《年轻的朋友来相会》这首歌一气呵成。"

到了20世纪80年代初期，流行歌曲开始进入大众生活。

但引领潮流的气声唱法和电子音乐，对很多思想保守的人来说，如同"靡靡之音"。作曲家、歌手和演唱会组织者，都受到了程度不同的压力，一些人甚至指责谷建芬的歌曲"毒害青少年"。

"当时《那就是我》写好后，我找了一个人唱，但是领导不让唱。第二天我去找了朱逢博，什么礼品也没拿，就拿了这个歌。到了她家，我拿起钢琴就弹，听了一遍后她哭得不行，当下就说她来唱。"

"我一直有一个想法，不是想压着我让我收摊吗，反而更鼓励着我去写更多群众喜闻乐见的东西。"

"反过来，我真的要对反对我的人鞠躬。这些过程让我做音乐时非常认真，投入了我全部的感情，这样，我要表达的东西才能打动观众。"

1984年，内心苦闷的谷建芬与词作家王健合作，推出了新歌《绿叶对根的情意》。歌词第一句，直抒胸臆："不要问我到哪里去，我的心依着你。"谷建芬说："通过这个歌，我就想证明，我的心是好的，不要怀疑我。"

谷建芬在创作

巾帼不让须眉

性格造就命运。对于艺术家来说，没有丰富的阅历和曲折的人生，就没有强烈而瑰丽的爆发。

1984年至1989年，谷建芬和丈夫邢波顶住压力，创办了"谷建芬声乐培训班"。

培训班不仅不收钱，还管吃住，并且请到了包括金铁霖在内的多位名师进行授课，培养出了毛阿敏、解晓东、那英、孙楠……这些几乎代表了一个时期的华语乐坛的歌手，而谷建芬也因此被称为"中国流行音乐教母"。

1992年，谷建芬关闭声名显赫的培训班。她觉得自己能够为流行音乐做的，差不多都做了；但探求音乐真谛的心愿，却还没有完成。她想重新找到一条适合自己的音乐生活道路。

20世纪90年代，谷建芬开始尝试其他风格的歌曲创作，最著名的要数1994年版《三国演义》电视剧的片头曲《滚滚长江东逝水》。很难想象，这首恢宏大气的歌曲出自巾帼之手。

为电视剧《三国演义》创作曲子的经历，倒显示出她刚烈的一面。

"《三国演义》是我在人生中比较感动的一笔创作。当时有人说：'《三国演义》是英雄的历史，不能找个女的去写。'听完我就说：'你先把嘴闭上，等我写完了你再看。'

"请了个女作词人，我们俩在《三国演义》剧组待了三年，写了一共15首歌。我说：'咱们两个人咬着牙也要把这个戏拿下来。'

"音乐写完了之后，得到了大家的认可。在排'刘关张'的戏时，三位演员还互不认识，但音乐一放，他们说当时一下子就入戏了。

"《三国演义》拍到最后，剧本里也没出现女主角的戏。当时我觉得，我们都是女人，我得替貂蝉流一把泪。所以最后我又增加了貂蝉的歌曲：《貂蝉已随清风去》和片尾曲《历史的天空》。"

音乐是救赎

受行业内敬重，得学生们敬爱，桃李满天下的谷建芬在众人眼中是个大艺术家。然而回到家中，谷建芬的大女儿谷婴笑着说："我们从没把她当个'角儿'。"

谷建芬的女儿谷婴说："她挺偏心的，对她的学生特别好。学生们每次来要吃好吃的，她就变着花样给他们做。"

虽然嘴上开着玩笑，但在女儿谷婴的眼里，谷建芬有两个身份——一个是尊敬的"谷老师"，一个是贤妻良母的好妈妈。

谷婴说："她经常会提醒我们不要在外边社会上被金钱所利用，做人要有原则。她的敬业、执着和淡泊名利一直深深地影响着我们。"

作为妈妈而言，谷建芬的生活情趣特别浓，家里的环境都是她一手布置的；孩子们的毛衣、裙子和过年的新衣服都是她做的。

十几年来如一日，亲人见证着谷建芬的辛勤创作，也陪伴着她度过每一个关卡。

谷婴说："我妈妈做《新学堂歌》的十几年里，没有经费，也没有录制费。录音棚、演唱者、演奏者、配器、编曲的费用都由我妈妈自己来承担。录音也经常是晚上七八点进棚，到凌晨三四点才回来。当时也有拎着钱来想出名的，让我妈妈再写一首类似《思念》的歌，能一夜成名。但她都拒绝了，专心给儿童写歌。"

然而，突如其来的巨大打击拦住了谷建芬的脚步。

2015年，与她相濡以沫多年的老伴——新中国第一代舞者、著名舞蹈艺术家邢波先生，以及心爱的小女儿谷千惠相继去世，巨大的伤痛让老人在之后的一年半里几乎只字未写。

谷建芬说："当时，我正好写到第49首歌曲《敕勒川》，我老伴儿在听完后，说：'我给你打100分。'我说：'那我就写满50首。'但老伴儿这一走，最后这首我怎么也写不出来了。后来又得了抑郁症，到现在我还在吃抗抑郁的药。"

经过长时间调整，谷建芬决定继续创作："女儿和老伴一直是我创作与推广《新学堂歌》的帮手，我要完成他们的心愿。我也不能停下，为了孩子，为了国家的未来，我得继续做这件事。"

谷婴说："对我妈妈来说，是失去了丈夫和女儿，对我来说是失去了父亲和妹妹。但通过这个重创，我又重新认识了我妈妈。她表现得非常坚强，没有怨天尤人，始终保持平静。我觉得确实是音乐救了她。一个人她有一定的追求，她就会在这里边得到一些解脱。"

"有种幸福叫放手，有种痛苦叫占有"，谷建芬从这两句话中获得灵感，完成了她的第50首歌。

"人之初，性本善，性相近，习相远……"从谷建芬心底流淌出的旋律，伴着纯真质朴的童声响起。再一次翻阅经典，我们似乎更能感悟，5000多年的文脉如何能够长流不绝，它是一种文明对人性深处至善至美的颂歌。

王蒙

我有对共和国最真切的体验、感动和记忆

撰稿 ┃ 桂姝蕾
电视记者 ┃ 桂姝蕾

> 我和共和国的命运是息息相关的，在共和国的繁荣发展机遇当中，我也分享了这种光荣，这70年的历史，是我创作的源泉。开始写作遇到困难的时候，我成天想，写书这么困难，但是为什么我能坚持写下来，因为我有对共和国最真切的体验、感动和记忆。
>
> ——王蒙

他，14岁就成为一名"少年布尔什维克"。

19岁时，他把新中国成立初期那段浪漫、骄傲的历史写进小说《青春万岁》。

他将在新疆16年的生活经历，写成长达70万字的小说《这边风景》，这部小说在2015年获得第九届茅盾文学奖。

20世纪80年代，他的文学创作进入"井喷"时期，不仅有对

王蒙

理想主义精神的追求，还有对民族历史和未来的冷静思考。

他作为与共和国共同成长的文学创作者，见证了中国当代文学的发展之路，他就是新中国成立70周年"人民艺术家"国家荣誉称号的获得者——王蒙。

定格时代的蓬勃朝气

19岁时，王蒙就把新中国成立初期那段浪漫、骄傲的历史写进小说《青春万岁》，这部记录了新中国第一批知识青年投入祖国建设洪流，树立共产主义远大人生理想的作品，深深感染和影响了几代青年人。"我1934年出生，1937年日本军队就打过来

幼年时的王蒙

了，就把北京占领了。1945年二战结束，日本军队无条件投降，之后我又去了新疆，一切对我来说都是历历在目。"

　　1934年10月15日，王蒙出生于北京，祖籍河北省沧州市南皮县。正如小说《青春万岁》中充满理想和信念的年轻人一样，11岁那年，他遇到共产党人李新、何平，怀着对共产主义的坚定信仰，与北京的地下党组织建立了联系。1948年，年仅14岁的他加入共产党，成为一名对共产主义有坚定信仰的"少年布尔什维克"。

> 一九四五年八月日本投降，我的民族情、爱国心突然点燃……我们义愤填膺，我愈想愈爱我们的国家，我自己多少次含泪下决心，为了中国我宁愿献出生命。
>
> ——王蒙《半生多事》

"我还不满12岁，就和北京的地下组织建立了固定的联系。距离我14岁的生日还差5天，我破例地以这个年龄加入了共产党。我为什么选择革命，我从我自己的家庭，我的父母这一代人生活的情况，一个少年的心情就是盼着天翻身，地打滚，中国才有希望。"

在这位14岁的"少年布尔什维克"眼中，文学和革命都是他要为之奋斗的事业。1953年，王蒙开始构思一篇小说，他想以这种方式永久地记载下共和国这段最为激情和浪漫的记忆。这一年，他仅有19岁。"《青春万岁》是我对1949年和20世纪50年代初期，新中国成立时那段激情理想岁月的一个挽留。"

在社会大变动当中，人们的那种希望，那种热情，那种快乐，跟旧中国的散漫、贫穷、混乱相比，我觉得有非常大的变化。所以我觉得需要记录一代青少年在这个社会大变动中，他们的体验，他们的激情。

我当时已经设想在未来的几十年后，我会对他们说些什么。我希望，新中国成立初期的那种热情，那种愿望，都有开花结果的这一天。

《青春万岁》电影海报

　　正像我的小说《青春万岁》"序诗"里写的那样，所有的日子都来吧，我所珍惜的这些日子，我所感动的这些日子，我所咀嚼的这些日子，这就是我写作的源泉，就是我写作的依靠。"

　　　所有的日子，所有的日子都来吧，让我编织你们，用青春的金线，和幸福的璎珞，编织你们。

——王蒙《青春万岁》

　　1983年，《青春万岁》被拍成电影，开篇的诗句使人们重温了新中国成立初期的那种浪漫与激情，至今仍让许多人耳熟能详。

1956年，王蒙洋洋洒洒20万字的处女作《青春万岁》尚在修改，而另一篇小说却已完稿。当时，时任共青团北京市东四区区委副书记的王蒙，长期在基层工作，他根据工作、生活中的一些社会消极现象，创作了短篇小说《组织部新来的青年人》（后改名为《组织部来了个年轻人》），在《人民文学》发表，因小说中对官僚主义的批判描写，引发了社会争鸣和文化大讨论。

"《组织部来了个年轻人》这部小说也是《青春万岁》的一个延伸，写出了对新中国的一种浪漫的憧憬，但同时现实生活还有各种平凡的一面，或者不是最理想的一面，这些在青年人心中引发的困惑、追求、愿望和向往。"王蒙说。

对人民和民族的深情讴歌

有生之年，我永远爱新疆，想念新疆，我永远怀着最美好的心情回忆在新疆的经历。虽然也有苦涩，整体仍是阳光。

——王蒙《一辈子的活法》

1963年，王蒙去往新疆，在那里度过了16年时光。他认为新疆是他的第二故乡，他曾说："边疆的生活，少数民族的生活，大大锻炼了我本来非常弱小的灵魂。"

"我是在1963年去到新疆的，1965年4月就到伊犁去了，跟这里建立了深厚的感情，学会了维吾尔语，和当地的各民族的人民同吃、同住、同劳动，而且交了很多朋友。"

1978年，他拿起搁置已久的笔，把在新疆的16年生活经历写成了长篇小说《这边风景》，以新疆伊犁地区少数民族生活为原型，展现了新疆独特的风土人情，并通过小说中的众多人物形象，表达了对于个人与国家的命运、个人与历史关系的思考。2013年，该小说得以出版，并在2015年获得第九届茅盾文学奖。这部作品写了在20世纪六七十年代的时候，人民的美好生活、美好愿望和他们所受到的考验。在今天来说，《这边风景》这部小说在维护国家统一，维护各个民族的团结方面也有很大的意义。

1979年，中国步入改革开放新时期，日新月异的社会变化和外来文化思潮的涌入，再次激发了王蒙积蓄已久的创作热情，他进入了创作的"井喷"时期，在几年的时间里先后发表了《夜的眼》《活动变人形》和散文评论集等产生巨大社会反响的作品。

1986年，王蒙出任文化部部长。任职期间，他邀请意大利歌唱家帕瓦罗蒂来华演出，允许营业性舞厅向公众开放，并在担任作协副主席期间提携了一大批优秀青年作家。

　　对一个知识分子来说，一定对自己的要求要高。我非常地希望，也非常地相信，目前这些青年作家，会有更大的成就，会写出更辉煌的作品来。

——王蒙

帕瓦罗蒂（中）、王蒙（右一）

在《王蒙八十自述》里，王蒙回忆了出任文化部部长的这段往事，王蒙认为中国文化应该走向开放，他的开放精神影响到当时的文化。他说："有很多事情，它从不同的角度，有人觉得可能发生坏的负面的影响，我觉得要做一些有助于文艺工作健康化，有助于文化生活健康化的事情。我想我尽我的可能，能够起一个桥梁的作用，起一个促进和谐和稳定的作用。"

书写家国情怀

近年来，王蒙怀着对中国古典文化的珍视与热爱，对《红楼梦》、李商隐、老子、庄子等传统知识的研究下了很大功夫，并

王蒙在新书签售会现场

融入自己丰富的人生经验，文中讲述的生命智慧、人生成败、历史现实，其实都印刻着王蒙一生的深刻感悟。

> 我们是能够从中国传统文化里得到益处的，我喜欢强调中国传统文化的积极性，因为它总体来说，是鼓励人积极的。尤其是党的十八大以来，中央领导对优秀传统文化的强调和弘扬。
>
> ——王蒙

历经文坛，半个多世纪的风风雨雨，步入晚年，王蒙专注研究中华传统文化思想，出版了《老子十八讲》《与庄共舞》等文集。在当下实现民族复兴的历史机遇中，他依旧笔耕不辍，思考着中国的未来。党的十九大以来，强调坚定文化自信，这让王蒙感到十分振奋。在《王蒙谈文化自信》一书中，他阐释了文化自信的时代意义：

> 党的十九大，对中国特色社会主义的文化，有一个提法，扎根于中国特色社会主义的现实，这个提法将"文化自信"作了比较全面的概括。我们强调不忘初心，同时我们又强调改革开放，我们还有"四个自信"——文化自信，制度自信，道路自信，理论自信，我们正在往越来越全面、越来越务实、越来越有底气的方向发展。

王蒙作为与共和国共同成长起来的成就卓著、影响巨大的标志性作家，他见证了中国当代文学的发展之路，直接而深刻地参与推动了中国文学事业的不断繁荣和中国特色社会主义文化事业的发展，反映出他对生活的深沉思考和对人民真诚的爱。

"我们这个国家是中国共产党领导的，中国共产党的一个最根本的原则，就是为人民服务，人民的幸福在于共和国的稳定和繁荣发展，所以用'人民'来冠名，这是最大的肯定。我们需要的人民艺术家是各种各样的，但应该是人民喜闻乐见的，应该是受到人民欢迎和喜爱的，而且本身也是关注人民，尤其是爱人民的。"王蒙说。

说到新中国的文学史，王蒙绝对是个绕不开的人物，他的作品伴随着新中国的发展，乃至成为反映时代变迁的一面镜子。他乐观向上、激情充沛，持久地活跃在当代中国文坛。

我还是一个字一个字地推敲着，这对于一个写作人来说，没有比这个更幸福的了，我想我还可以再奋斗几年。我现在最关注的，就是随着社会的发展变化，会有一些什么样的故事，让人想把它镌刻下来，记录下来，编织下来。

——王蒙

正如王蒙在《王蒙文集》第一卷自序中写的那样：文学是一种特殊的记忆形式，文学就是怀念，文学就是复苏，文学就是青春，文学就是人生的滋味，文学就是余音绕梁三日不绝，文学就是生命所剩余的一切。

路遥

平凡的世界，不凡的人生

撰稿｜李端
电视记者｜王瑞宁　焦雯　柴志先　陈佳

　　路遥，原名王卫国，1949年12月出生在陕北一个贫寒的农民家庭。他命运多舛，一生经历了许多常人难以想象的郁闷、痛苦和煎熬，但其作品展现出奋斗不息的昂扬斗志，感染了无数读者。

　　20世纪70—90年代，在中国农村改革的大潮中，路遥抱病深入生活、扎根陕北农村，先后创作了《人生》《平凡的世界》等优秀作品。他的文学就像火一样，燃出炙人的灿烂光焰，给窘境中的人带来希望与光亮。

　　1992年，路遥因病逝世，年仅42岁。犹如一颗流星，他给中国文坛留下了一道夺目的光彩。

　　2018年12月18日，在庆祝改革开放40周年庆典上，100位改革先锋揭晓，"鼓舞亿万农村青年投身改革开放"的作家路遥在列，是两个上榜作家之一。他用文学描摹出中国社会改革发展的时代图景，用生命之火激励青年人特别是处于困苦情境中的人向上向善、自强不息。路遥是一个时代的精神坐标。

饥饿与苦难

> 童年对我来说不堪回首，那是一个非常遥远的早晨，我和父亲一路上要饭吃，到伯父家，我知道父亲是要把我掷在这里，但我假装不知道。
>
> ——路遥

7岁时，父亲领着他去伯父家走亲戚。夜里，父亲对他说，明天我外出赶集，下午就回来了。年幼的他知道，父亲一旦丢下他，就不会再回来了。他要单独住在伯父家了！但他并没有把这个想法说出来。

第二天，他一早就留心着父亲的动向，又不能说明，就躲在一棵老树后头看着，见父亲匆匆地离开，走出了村口。泪水一下子从他眼睛里涌了出来。一夜之间，他从一个小孩成了一个大人。

路遥过继给了延川县的伯父，伯父是农民，没孩子，家里也一样穷。路遥因为衣不遮体，常被村里的孩子拉到人群里，当作笑料。

路遥的求学生活十分艰难，一个月五六块钱的伙食费交不

路遥与朋友

起，清水萝卜吃不起，只能靠稀饭、黑窝头、野菜勉强维生。

中学时代，少年路遥爱上了文学，读完了《水浒传》、《红楼梦》、柳青的《创业史》、杜鹏程的《保卫延安》，还有《红岩》……紧接着，又把《钢铁是怎样炼成的》《日日夜夜》《高老头》等书一一读完。

初中毕业后，路遥便开始尝试文学创作。从延川的《山花》起步，从诗歌、散文到小说，路遥一步步接近自己的文学梦想。

升高中的时候，迫于生活压力，伯父不想再供他读书了。然而这个不安于现状的陕北后生，对外面的世界有一种鸟儿飞向蓝天般的向往。

为证明自己，路遥发奋读书，考试的时候从1000多名考生中脱颖而出。意识到路遥的确是块读书的料，伯父勉强答应让他继续上学。

这段饥饿和屈辱的经历对路遥的人生和创作心理产生了深远影响，《在困难的日子里》《平凡的世界》等作品中都能看到这段经历的影子。

"我几十年在饥寒、失误、挫折和自我折磨的漫长历程中，苦苦追寻一种目标，任何有限度的成功，对我都至关重要。"路遥说。

1973年，路遥作为工农兵学员被推荐上了延安大学中文系学习。路遥广泛学习欧洲文学史、俄国文学史和中国文学史，系统阅读了大量中外文学名著。他开始了小说的创作，并且开始发表作品。

路遥的生活依旧简朴。在同学的印象中，他永远穿着一身灰色衣服，玉米发糕是他的一日三餐，饭后一碗冲菜汤是他喜爱的美味。

1976年，大学毕业的路遥来到《陕西文艺》（《延河》前身）担任编辑，在柳青等知名作家的言传身教下，他的文学创作日益成熟。

这段时间，他经常在院子里边构思自己的创作边抽烟，他的烟瘾就是那个时期染上的。不久之后，他写出了自己的第一篇中篇小说——《惊心动魄的一幕》。

大学毕业后，路遥被选中在《陕西文艺》（《延河》前身）任编辑。在柳青等作家的言传身教下，路遥的文学创作日益成熟

　　他将这部作品寄给全国的各大型刊物之后，却都被退了回来。没有人理解他的小说，也没有人敢发表。

　　他苦恼、无奈，决定最后一次投稿试试，如果再不能刊登就撕掉。

　　时值1980年，老作家秦兆阳慧眼识珠，这篇小说得以在文学杂志《当代》发表，并获得了全国第一届中篇小说奖。

　　小说《惊心动魄的一幕》的发表给路遥带来了前所未有的自信。很快，他写出了中篇小说《人生》，并因为改编成电影而广为人知。小说的主人公高加林无疑是中国当代文学中一个经典形象。

《人生》

> 我们出身于贫困的农民家庭——永远不要鄙薄我们的出身,它给我们带来的好处将一生受用不尽;但我们一定又要从我们出身的局限中解脱出来,从意识上彻底背叛农民的狭隘性,追求更高的生活意义。

——路遥

1978年,改革开放的春风拂遍中国大地,也让路遥深切感受到了正暗自涌动在黄土地上的变革的力量。

当许多作家还沉浸在"伤痕文学"和"反思文学"之时,年轻的路遥已经把目光投向变革中的现实生活,关注社会底层小人物的情感与命运。

1981年6月,13万字的小说《人生》创作完成,仅仅用了21天,那年,路遥还不到32岁。他说,那21天是他人生"最美好的时光"。

房间里烟雾弥漫,门后的簸箕里盛满烟头,桌上扔着硬馒头、几根麻花和几块酥饼,这就是路遥21天里的创作状态。

路遥坐在屋子中间,头发蓬乱,眼角发红。他对自己的这部作品下了判决:"要么巨大的成功,要么彻底失败。"

他对《人生》的判决有些严酷,这也许是路遥对人生的理解。同样,他笔下的青年高加林也是在这种城乡二元尖锐对立之中承受着被时代碾压的命运，与其说他做出了自己的抉择，毋宁说是命运对他做了判决。

《人生》作为一本悲剧性的启示录，把社会历史与人物命运巧妙融合，使亿万读者的心灵受到强烈的震撼。

《人生》的舞台是改革开放初期的陕北，乡村青年高加林怀着一颗勃勃雄心闯入城市，又被迫回到自己的村子。他在乡村和城市之间徘徊，他必须在农村姑娘刘巧珍和城市青年黄亚萍之间做出爱情的选择。情感、道德和理想、憧憬之间的矛盾，成为一个时代的隐喻。这种希望主宰命运又无法主宰命运的摇摆与彷徨，引起了特定时代许多青年人的共鸣。

在城市化的浪潮汹涌而来的种种冲击中，路遥率先尖锐地提出了农村知识青年该如何做出选择这个问题，由此折射出社会的复杂及命运的诡谲。

日本学者安本实到现在都能记得自己1988年初读《人生》时的激动。首先，他被高加林的奋斗和纯情所打动；其次，他惊讶于在别处根本见不到的中国城乡二元社会结构。

同为陕西作家的陈忠实说："阅读《人生》的感受，对我产生的那个撞击，是那个时期我读任何一本文学作品，都没有发生过的，那样严重的撞击。"

"对我来说是这样一个启蒙，他让我有一种怀疑精神，他的小说带来的这种反思，让县城里一个莽撞的少年突然有了一点点思考的能力。"来自山西汾阳的导演贾樟柯这样回忆小说《人生》带给他的思考。

《平凡的世界》

> 我曾经有一个念头，这一生如果要写一本自己感到规模最大的书，或者干一生中最重要的一件事，那一定是在我四十岁之前。
>
> ——路遥

《人生》让路遥一下子被全国人认识，他突然意识到：这会不会成为一个自己再也跳不过去的横竿？

无数个焦虑而失眠的夜晚，路遥为此痛苦不已。"如果不能重新投入严峻的牛马般的劳动，无论作为作家还是作为一个人，你的生命也就将终结。"

创作间歇，1983年，路遥去了一趟不毛之地——毛乌素沙漠。它位于陕西北部，与蒙古高原相连接，是中国农耕文化与游牧文化的天然分界线。其向北就是内蒙古大草原，向南是北控关陇的门户——塞上古城榆林城。

路遥年轻时就到过这里，毛乌素沙漠的空旷和寂静让他着迷。重返毛乌素，他完成了心灵的转变，宣誓要用全部心血去完成一部属于自己最高水平的长篇小说。

"……你要像消失在沙漠里一样从文学界消失，重返人民大众的生活，成为他们间最普通的一员。要忘掉你写过《人生》，忘掉你得过奖，忘掉荣誉，忘掉鲜花和红地毯。从今往后你仍然一无所有，就像7岁时赤手空拳离开父母离开故乡去寻找生存的道理……"

他认为，"只有初恋般的热情和宗教般的意志，人才有可能成就某种事业"。

路遥说："沙漠之行斩断了我的过去，引导我重新走向明天。当我告别沙漠的时候，精神获得了大解脱、大宁静，如同修行的教徒绝断红尘、告别温暖的家园，开始餐风饮露一步一磕向心目中的圣地走去。"

路遥开始了各方面的准备工作，就像一个即将远途跋涉的人准备给养。

他在1982年为自己列的近百部长篇小说的阅读计划，完成了十之八九。他还用整整一年时间翻阅了近十年的《人民日报》《陕西日报》《参考消息》《延安报》和《榆林报》，笔记做了几十本。

他日后创作时透支精力的做法已经初露端倪：眼角的眼屎来不及清理，手指被纸张磨得露出了毛细血管，以至于手放在纸上时就像放在刀刃上，没办法，他只能用手掌翻书。

读书和收集文字资料，只是一部分准备工作，另外一个重头戏是去实地考察。

乡村城镇、工矿企业、学校机关、集贸市场；上至省委书

路遥在做报告

记，下至普通百姓；能接触到的不同生活层面他都去接触，能了解的生活境况他都去了解。

在煤矿，路遥和工人一块儿下井；在采石场，路遥和工人一块儿挑200斤重的石块；在乡间，路遥四处寻访。

"他在煤矿生活过一段时间。当时铜川煤矿的一个矿长叫霍世昌，就任命他为铜川煤矿宣传部的副部长。孙少平的这个形象，实际就是以他弟弟和霍世昌为原型。"作家曹谷溪说，"他特别忠实于生活，什么事情他都亲自体验之后，再去写。"

不知不觉，三年过去了，路遥终于觉得可以开始写作了。

"眼看一天已经完结，除了纸篓撕下一堆废纸，仍然是一片空白。真想抱头痛哭一场。"小说的开头并不顺利，三天时间，一无所获。他甚至开始怀疑自己的能力。

"少年时，你还梦想过当宇航员，到太空去活捉一个'外星人'，难道也可将如此荒唐的想法付诸实施？你不成了当代的'唐·吉诃德'？"最终，还是俄罗斯作家列夫·托尔斯泰的话使他平静下来："艺术的打击力量应该放在后面。这应该是一个原则。"在经过了三年的准备和三天的折磨之后，路遥写下了平淡朴素却意味深长的开头：

> 1975年二三月间，一个平平常常的日子，细蒙蒙的雨丝夹着一星半点的雪花，正纷纷淋淋地向大地飘洒着。时令已快到惊蛰，雪当然再不会存留，往往还没等落地，就已经消失得无踪无影了。黄土高原严寒而漫长的冬天看来就要过去，但那真正温暖的春天还远远地没有到来。

长篇小说《平凡的世界》以孙少安、孙少平兄弟等人的奋斗，串联起中国社会1975年初到1985年10年间中国城乡社会的巨大历史性变迁，书写普通劳动者的生存、奋斗、情感和梦想。

路遥熟悉这个时代的品性与气质，他有信心驾驭这个题材。

为了更好地创作，路遥索性在写作期间搬到了矿上。铜川的陈家山煤矿作为《平凡的世界》第一部的创作地点，见证了路遥在这里采集素材的艰辛和不易。小说主人公孙少平有很长时间的矿上生活，这也是路遥为了更贴近笔下人物的一个"笨办法"。

来到这里几天之后，路遥开始初步建立起工作规律，掌握了每天大约的工作量和进度后，他屋内的墙上出现了一张表格：1到53的数字，意味着第一部一共53章，每写完一章，他就划掉一个数字，每划掉一个数字，路遥都要愣一会儿，看那张表格半天。

失败与坚守

路遥说："我这部作品不是写给一些专家看的，而是写给广大的普通的读者看的……希望它能经得起历史的审视。"

路遥的《平凡的世界》第一部完成后，诸多文学杂志并没有对此表现出多少热情。在经历了多次退稿后，这部小说最终由谢望新主编的广东《花城》杂志刊发。

不久，《平凡的世界》第一部研讨会在北京召开。北京下起一场多年罕见的大雪。整个研讨会对于这部作品，并没有给出路遥期待的好评。

鲁迅文学院常务副院长白描是路遥的挚友，他回忆："1986年的冬季，我陪路遥赶到北京，参加《平凡的世界》（第一部）的研讨会。研讨会上，绝大多数评论人士都对作品表示了失望，认为这是一部失败的长篇小说。很多评论家认为《平凡的世界》相较《人生》而言，是个很大的倒退。"

"没有一个人的生活道路是笔直的、没有岔道的，有些岔道口，譬如政治的岔道口，事业上的岔道口，个人生活上的岔

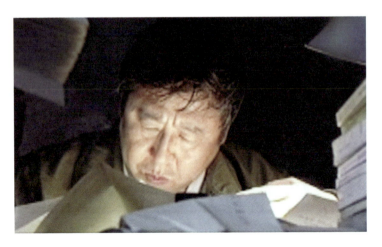

路遥在创作

道口，你走错一步，可以影响人生的一个时期，也可以影响一生。"这是老作家柳青的一段话，路遥在写《人生》时，放到了小说的开头。

参加完在北京的研讨会，路遥回到西安后，专程去了一趟位于长安县（今长安区）的柳青墓。他在墓前转了很长时间，猛地跪倒在柳青墓碑前，放声大哭。

20世纪80年代初期，现代派、意识流等新引入的文学观念风靡一时，暗合时代思潮的风起云涌，文学创作求变、求新，让人目不暇接，而现实主义创作却受到了冷落。甚至有批评家认为，路遥使用的现实主义创作手法是落伍的。

对此，路遥予以了言语和行动上的坚定反击。他相信，作家应该站在历史的高度上，真正体现巴尔扎克所说的"书记官"的职能。

"他说: '难道只能有一种澳大利亚羊吗?'能在这个现代派各种流派笼罩文坛的时候, 路遥敢于以这样一个生动的比喻来申诉一个对现实主义的坚守和开拓, 这种勇气令人震撼。"作家陈忠实回忆。

用生命去结束《平凡的世界》

> 在我的一生中需要记住的许多日子都没能记住, 其中也包括我的生日, 但是1988年5月25日这个日子我却一直没能忘记, 我正是在这一天最后完成了《平凡的世界》的全部创作。
>
> ——路遥

在写作《平凡的世界》第二部的过程中, 路遥经常写到半夜甚至天亮。

他有时会敲开邻家的门, 讨要一个蒸馍, 喝口开水, 继续创作。巨大的创作强度, 使他的身体日渐透支。

他的朋友杨葆铭曾回忆: "有一天, 我和朋友去看望路遥, 走到客房前, 只见门虚掩着, 进门一看, 我的天呀! 只见写字台上横七竖八地放着十几支圆珠笔, 一只大号烟灰缸已满得冒了尖; 280个格的稿纸歪歪扭扭地摞了有二尺高。路遥正窝在一个大沙发上'梦周公', 口角上流下的涎水将沙发的扶手浸湿了一大片，尤其是过一会才憋出来长短不一的高分贝的鼾声，有铜锤花脸或秦腔的韵味。看到这一幕，我心里十分酸楚。人都说劳力者苦，殊不知劳心者亦苦。爬格子码字这档子营生把人累成这个样子，看来，天底下哪一碗饭都不好吃！"

尤其到了创作的最后阶段，路遥已"力不从心，抄写稿子时像个垂危病人半躺在桌面上……几乎不是用体力工作，而纯粹靠一种精神力量在苟延残喘"。

路遥说，他已经考虑好了，他要用生命去结束《平凡的世界》。在身体快要崩溃的情况下，路遥于1988年5月25日，完成了这部伟大的作品。

路遥的弟弟回忆：

> 当天我预感他要完成了，就在门外面等着，当门打开的时候，路遥从里面走出来说："也许这句话对你是重复的，但我还要提示你，一个人，一生中要完成一件重大的事情，必须以宗教般的信念和初恋般的热情，才能做完它，你休想用一种投机取巧的办法完成一项宏大的工程。愿这句话咱们经常勉励自己。"

这部描写平凡人不平凡奋斗史的长篇小说，已经开始通过中央人民广播电台的广播，飞向祖国四面八方的千家万户的普通人中间。亿万农村青年从他的文字中汲取力量，面对人生。

据中央人民广播电台估算，《平凡的世界》当年的直接受众达3亿人之多，而收听的火爆也让曾经无人问津的小说供不应求。

当路遥被请进中央广播电台演播室时，桌上满满地堆了2000多封听众来信。见到这一场景的路遥百感交集。他说："我是一个地道的农民的儿子，我非常感激你们收听到这部作品。对我来说，我个人的劳动是微不足道的，但是得到这么多人的理解，这使我非常感动。"

"听众朋友，无论我们在生活中有多少困难、痛苦，甚至不幸，但是我们仍然有理由为我们所生活过的土地和岁月而感到自豪。"

"幸福，或者说生存的价值，并不在于我们从事什么样的工作，在无数艰难困苦之中，又何尝不包含人生的幸福？"（《平凡的世界》）

1991年3月9日，在中国最高文学奖"茅盾文学奖"评奖中，《平凡的世界》在700多部长篇小说当中脱颖而出，以榜首位置，直抵中国当代文学最高峰。

因为在创作中严重透支健康，可怕的肝炎在这时将路遥的身体彻底击垮。1992年11月17日凌晨，他出现严重吐血，医生全力抢救，仍未能阻止死神的靠近。

诗人周涛当时在报纸上看到路遥去世的消息时，看着看着，突然号啕大哭："人世间不会有这么一个名为路遥的写出的哪怕粗糙的文字了。"

但在人们心中，路遥从未离开。

2007年，在延安大学的促成下，路遥文学馆成立。之后每年的纪念日，都有大批路遥的慕名者前来参观纪念。

2015年，《平凡的世界》改编登上电视荧屏，超越时代、年龄和地域的划分，感染了亿万观众，创造了网络点击量近20亿、原著小说脱销、社会热议不断的"平凡热"现象。

2017年，在剧作家孟冰的改编下，陕西人艺将《平凡的世界》搬上了话剧的舞台。该剧在北京的三场演出，仅半月门票就全部售罄。

阿里巴巴创始人马云曾坦言："路遥的《平凡的世界》改变了我，让我意识到了不放弃就有机会。"

"路遥的作品给我许多力量，包括坚韧啊，吃苦啊，各种各样的，实际上给我最大的力量，是爱的力量。"企业家潘石屹说。

2018年9月，在《小说选刊》主办的"中国改革开放四十周年最有影响力小说评选"中，路遥的《人生》和《平凡的世界》双双入选。不管过去多少年，在这个讲述年轻人成长与奋斗的故事里，每个人都能从中找到自己的身影。它像一束永恒的光，超越了特定年代，依然照射着当下的青春世界。

在路遥离开我们的26年里，中国的变革依然在持续，人们依然重读小说，怀念路遥。《平凡的世界》成就了不平凡的人生，它依然是许多人的精神灯塔。

阿来

在敬畏中用文字回馈时代

撰稿 | 王冀蒙　梁珊珊
电视记者 | 梁霄　邓荣　吕侯健

　　所谓"文变染乎世情，兴废系乎时序"，改革开放以来，对于社会发生的一切翻天覆地的变化，文学的触角几乎是最敏感的。

　　藏族作家阿来多年来一直笃定于对故乡这片土地上生活过和生活着的人们的书写，以史诗的笔调展现中国一隅所经历的社会变革和时代变迁，并以独特而非凡的观察观照着人与自然这一主题。2018年10月，继18年前荣获茅盾文学奖之后，他凭借作品《蘑菇圈》再夺鲁迅文学奖中篇小说奖。不久，他的长篇小说《尘埃落定》入选改革开放40年40部最具影响力小说。

　　回忆过往，阿来说，自己是时代变迁的见证者和记录者。

高考，命运的拐点

　　阿来的故乡是四川省西北部的阿坝藏区马尔康县一个只有20

多户人家的小山寨。森林覆盖，群山环绕，大河奔流，壮丽的自然景观无法抵御时代的风浪，自然也无法阻止一个少年向往更广阔世界的脚步。

农村的孩子早当家，八九岁时阿来就下地帮着家里干活，采药、打柴、放牧、采蘑菇。家中孩子多，他又是长子，跌跌撞撞上到初中毕业，艰苦的环境却越发坚定了他读书的愿望。

他一边采草药、打柴禾，一边为自己筹集上学的学费。也是从那个时候，从小只会说藏语的阿来开始学习汉语。

生逢改革开放这样的时代变革，在阿来个人命运的转折中，留下了无法抹去的深刻印记。

阿来说："对我来说，改革开放，我们能明显感到的变化，在农村就两个：第一是集体人民公社改革了，土地又回到各家各户手里，大家生产积极性不一样，生活就变得富裕起来；第二就是改变命运的高考恢复了。虽然我当时不是考大学，而是考中专，但这是一种身份的改变，并且能接受到现代的高等教育。如果没有高等教育，我不可能会写作，也不会知道文学。"

现在很多年轻人会说"我想当作家"，但在那个年代，知道"作家"这个词的时候，阿来已经有十七八岁了。初中毕业之后，他奔波在工地上，锻炼得能挑能扛，能捶能打，包工头欣赏这个有些文化的"小鬼"，就让他去学习新技术——开拖拉机。

这样的日子一直持续到1977年恢复高考，虽然接到了再干一两年就可以转成正式工人的通知，但阿来还是选择去高考。

阿来回忆："我记得是有一天晚上，听说在县城那里报名，和我待的工地隔了15公里，也没有汽车。我晚上12点下班之后，吃了点东西，借了一辆自行车就骑着去了，骑到城里是半夜，我就在那里等着天亮。"

等阿来找到报名的地方时，却被通知报名时间结束了。阿来的固执劲儿上来了，站在旁边不走，最后工作人员哭笑不得给他额外报了名。

他的执拗，让他有了考试的资格。

"一直到考试那天，我依旧是借了自行车去的考场，考了两天，每天都是考完回来继续劳动。"阿来说。

接下来的一个月，阿来每天都走一个多小时，去离工地几公里的小邮局等待录取通知书。后来，邮局的人远远地看见他就摇手说："回去吧，没有。"

就在阿来几乎要放弃等待的时候，一次偶然从邮局路过，工作人员招呼他，说有信了。一打开，正是阿来朝思暮想的录取通知书，他被当地一所师范学校录取了，而这也成为阿来真正读书的开始。

读书、写作，时代的主流

改革开放不仅恢复了高考，长久以来人们种种固化的思想也得到解放。文化慢慢从种种束缚中挣脱出来，作家呼唤对文学艺

阿来年轻时

术审美本质的重视。

原来书店里只有几本书，电影院里只有几部戏，反反复复看了不知道多少遍。这种文化资源极度匮乏的状况也在被逐渐打破。

当世界的大门突然间打开，人们惊喜地发现，原来世界上的书那么多，古典文学和外国文学作品琳琅满目。"大家好像都有一种文化饥渴，所有人都在拼命读书。"

在这样的时代文化背景下，考入大学的阿来跟其他年轻人一样，读了很多书。这也为他后来的创作奠定了基础。

1979年，阿来大学毕业，成绩优异的他被分配到藏区的一个乡村小学担任教师。由于课讲得好，两年后他被调到马尔康一所中学担任毕业班的历史老师。

从过去对汉语一知半解，到现在用汉语教学，让阿来对汉语有了更深的了解。而学校图书馆里大量的图书，更为阿来提供了一扇文学的大门。

阿来说："我们学校的图书馆，一次只准借一本书，书就不够我读的。怎么办呢？我就努力和图书管理员处好关系，然后找机会和他说，你就把我锁在图书馆假装没看见。晚上准备好干粮，困了就在图书馆的墙边倚着睡觉，一睁眼发现周围全是书，想读哪本就读哪本，特别满足。"

阿来说，那个年代没有太多娱乐活动，大家都很喜欢读书，而且那个年代的社会氛围也很好，文学氛围很强："大学生几乎都当过文学青年。"

那时，人们会在书店门口排队，等待那些重新出版的外国文学名著，大家读俄国作家列夫·托尔斯泰的《战争与和平》《安娜·卡列尼娜》，欧洲文艺复兴时期的西班牙作家塞万提斯的《堂吉诃德》，读契诃夫，也读莎士比亚。文学是关于不同时代、不同世界的角落一个个活生生的人，好的文学不会有国界，这些属于全人类的文学经典一下子打开了人们的视野，涤荡着尘封的心灵。

到20世纪80年代初，译介的重点开始转向西方文论和文学创作，F.卡夫卡、阿尔贝·加缪、D.H.劳伦斯等，世界文学在中国以狂飙突进的速度引进，令人目不暇接。他们让中国作家感受到："原来小说还可以这样写！"那段时间作家们的文学理想就是尽快赶上西方，加大创新的力度。

从伤痕文学、反思文学到改革文学，各种流派萌生，用王蒙的话说就是，作家们"各领风骚三五天"。

在20世纪80年代的偏远县城，经常会聚集一批"文学爱好者"，通常会流传着文学改变命运的神话。

阿来身边的那批年轻人，也忍不住将读的书消化后付诸笔端。他们疯狂地写作，"不管是学数学的、学地理的、学化学的，都在写小说"。他们也鼓动阿来："你也写吧。"

阿来的天赋也很快显露出来，鼓动他写作的那帮人几乎没有发表过作品，但阿来的作品一写就迅速发表了。

在《西藏文学》杂志上，阿来发表了第一篇文学作品——《振响你心灵的翅膀》。自此，阿来成了一名作家。

1985年，阿来第一次去北京，出版社编辑问他平时读什么书，阿来反问他们在读什么书。于是编辑带着阿来去他家里的书房看，阿来惊讶地发现自己和他们读的书没有区别："因为那时候北京文化界是很领先的，而我当时是属于基层作者，基层作者可能生活很扎实，但是不会有那样的意识，这个意识包括两个方面，一个是文体，另一个是思想。"

回忆那段往事，阿来依旧很感慨：

> 也不知道为什么，我读的文学就是世界流行的文学，一

流的文学。我说这是我狗鼻子尖，哪怕是今天，我走进书店挑书，没有看作者没有看内容，也能挑得不差。或许是老天爷觉得我们这个地方没文化，得出点有文化的人吧，所以总愿意帮我一把。

中国小说家接受了全球文学思潮的冲击和影响之后，从封闭走向开放，最终在不断创新中意识到了"文化回流"，开始增强自己的文化自信，接受"现代主义"并保有中国的本色。

《尘埃落定》就是在这样的过程中创作出来的。它是对文化寻根的一种肯定，是"开放"之后中国文学又一次回归本土。

於可训在《中国当代文学概论》中这样论述《尘埃落定》："就其承接80年代中期的文学寻根和小说艺术革新浪潮，转化诸如拉美魔幻现实主义和西方现代小说的叙事经验，创造新的民族的叙事艺术来说，《尘埃落定》仍不失为一部承前启后的优秀作品。"

行走大地，尘埃落定

1994年5月，阿来开始创作《尘埃落定》。他这样回忆从春到秋创作《尘埃落定》的过程："我家窗户外面是一面山坡，那时白桦树很清新，刚刚发芽，高原上阳光又特别透，然后突然一下好想写东西，故事是这样开始的。写到秋天，那些人开始一个一

意气风发的阿来

个走向他们的结局。白桦树也开始落叶了，开始凋零。我写完小说那一天，我一看那个树林，树叶早掉光了。"

12月底，小说完成了。放下笔后，阿来开始找出版社，"结果去一家说不行，去两家不行，一直去了十几家"。编辑们的意见很一致："小说太高雅了，不少读者喜欢通俗，你可以改一改。"

20世纪90年代是通俗文化、流行文化的全面繁荣期。在市场经济的驱动下，很多作家纷纷投入了通俗文学作品的创作中。

但阿来坚持自己的判断和纯文学的写作道路。等待《尘埃落定》出版的日子，阿来没有犹疑，他坚信："那一年我干了一件对得起我自己的事情，我知道我这辈子是可以干这件事情的。"

小说完成4年后，人民文学出版社几个编辑找到阿来，一个多月后，双方签了出版合同。"当时签合同我记得是两万册，后来我回成都不久又接个电话，对方说他是人民文学出版社的某某某，我说什么事，是不是又反悔了？他说不是，说他个人太喜欢这本书了，白天看了，晚上回去又看，看了个通宵，自己很激动。看完了，早上敲社长的门，说这本书两万册太少了，得印个十万八万的。"

一本严肃小说卖出了畅销书的销量。从1998年到2018年整整20年，小说一版再版，销售超过200万册，海外还有十几个版本。

小说描写了一个声势显赫的康巴藏族土司，在酒后和汉族太太生了一个傻瓜儿子。这个人人都认定的傻子与现实生活格格不入，但却有超时代的预感和举止，并成为土司制度兴衰的见证人。

阿来说："这本书取材于藏民族中嘉绒部落的历史，与藏民族民间的集体记忆与表述方式之间有着必然的渊源。"

所谓的土司制度，是中国封建王朝采取的一项统御少数民族的政治怀柔政策，其残余一直延续到20世纪上半叶。阿来出生的那片土地——四川西北部阿坝藏区的马尔康县，这个县域俗称"四土"，也就是四个土司管辖之地。

中华人民共和国成立后，经过剿匪、土地改革、民族区域自治等阶段，土司制度彻底被废除。阿来的藏族血统来自他的母亲，从小生活在大渡河上游的"嘉绒藏族"村庄，属川藏高原的一部分，这里的藏族世世代代过着半牧半农耕的生活。这片土地上的人及其生活的变迁史成为阿来主要的书写对象。

在描写以麦琪土司为首的"嘉绒藏族"世俗社会生活的同时，阿来在小说中也塑造了一些代表藏族精神的人物：济嘎活佛、门巴喇嘛、翁波意西书记官等，在济嘎活佛身上可以一睹藏传佛教的传统信仰。

《尘埃落定》写作之前，阿来做了充分的准备，而这种准备则是无意识的。他最初只是想搞清楚当地的历史，对嘉绒十八家土司都做了或深或浅的研究，最终也并不是以某一家土司为蓝本。

这是阿来的习惯，迈开腿去丈量这片大地，然后写就献给大地的诗篇。转折点发生在30周岁，1989年，他开始了若尔盖大草原的漫游，这也是他文学创作的一个转折点。

现在，诗人帝王一般

巫师一般穿过草原

草原，雷霆开放中央

阳光的流苏飘拂

头戴太阳的紫金冠

风是众多的嫔妃，有

流水的腰肢，小丘的胸脯

——《三十周岁时漫游若尔盖大草原·矿脉》

行走的两个月里，他有时风餐露宿，有时坐在草地上看疾走的白云、喝酒、啃牦牛肉干，感受自然馈赠给他的一切。

《尘埃落定》的创作开始于这次行走归来之后。在搞清楚地方史之后三四年，有一天，他想到自己已经好久没有写小说了，于是坐下来，开始了《尘埃落定》的创作。这部小说的创作出奇的顺利，至今畅销不衰。

此后，阿来一直在这片广阔的大地上漫游，从未停止。他走向群山，走向草原，研究地理、地质、植物和大自然，不断放飞自己的内心和灵魂，同时也汲取着文学的养分。

空山，观照自然

21世纪以后，市场经济的发展更加流畅，文化也开始面向市场，阿来开始尝试做一个文化商人。

阿来全身心投入《科幻世界》杂志社的主编工作。当文化面向市场，杂志社的销量也极为巨大，其他的杂志月销量可能只有一两万册，但《科幻世界》的销量是几十万册。

有人说那个年代不可想象，但阿来说："没什么是不可想象的，我们这帮人完全是跟着改革开放40年走过来的，所有的机会和可能性都是在这个过程中发现的。"

长期办科幻杂志，让他建立起一种科学的认知世界的方式，对于自然的理解也更为深刻，掌握的知识也更为丰富。这些更加深了他自身的平等意识：一草一木、一花一鸟都是平等的生命，我们都是命运共同体的组成部分，不仅要认识它们，更要尊重，而这种理念在藏民族的文化传统中是根深蒂固的存在。

在不断的城市化进程中，自然和乡村的既有资源被重新分配，在这个过程中，人们对环境的破坏也日益严重。

阿来小的时候，在家乡采蘑菇、找野菜、拾柴禾，家乡的山上有很多树，他的童年乐园就是这许许多多的大树，他们靠山吃山，所有的资源都是从山上获取的。因此，阿来对家乡的自然生态格外有感情："这些树都是祖祖辈辈留下来的，我们用柴禾从来不砍，都是捡那些不太好的树枝，我们老百姓是非常爱护环境的，这些树在盖房子时才会砍。"

阿来的家乡马尔康森林和草原的覆盖率在全州第一，空气质量也非常好。阿来从小在这里长大，在这里劳动，写作的对象也都是关于这个地方。这片土地对阿来的影响很深，所以人们对自然的过度索取让阿来更觉得自然的重要性。

对自然，阿来总是敬畏且珍惜："因为我生活在这样一个地方，我对生态问题可能会比其他作家更敏感，我对美好完整的大自然，有一种近乎崇拜的心理。"

因为对家乡和自然的热爱，关于描写自然的"山珍三部曲"之一《蘑菇圈》应运而生，阿来也因《蘑菇圈》获得了第七届鲁迅文学奖，成为四川省首个"双奖"作家。

《蘑菇圈》里的斯炯，经历了诸多人事的变迁，以一种纯粹的生存力量应对着时代的变幻无常。

小说书写了自然与人的关系，让人感受到敬畏生命和自然；也同样书写了在时代变迁下环境遭受的无情的毁坏。

当空气不再清新，水不再干净，就已经不仅是自然的问题了。当人们有一天失去了对自然的敬畏，也会同样失去自己。

2018年，"机村史诗六部曲"（《随风飘散》《天火》《达瑟与达戈》《荒芜》《轻雷》和《空山》）出版，每部分别由一部小长篇、事物笔记和人物笔记构成，以花瓣式架构编织了藏族村庄的当代编年史。

《空山》写于十几年前，小说讲的是一个偏远的藏地村庄"机村"从20世纪50年代到90年代40年的变迁史。"机"是嘉绒方言藏语，意思是"种子"或"根子"。树木的根是土地，阿来写作的根系也一直扎在故乡这片土地上。

从20世纪50年代中期到90年代末，他的故乡经历了滥砍滥伐，青山满目疮痍，在最严重的时候，十分之一阿坝州的人都是森林伐木工人，这导致严重的洪水和泥石流时有发生。从20世纪90年代末，中国社会从政府到民间逐渐意识到长江上游的这片天然森林是多么宝贵，并开始有意识地保护森林资源。经过这么多年的维护，凭借大自然天然的自我修复能力，高山植被也开始变得好起来。

纪念改革开放 40 周年之际，阿来接受《文化十分》记者采访

　　阿来说："小说里有了一个人物，一个破坏过森林，又开始维护森林的人物。这是乡村的一种自我救赎。这是一直处于被动状态中的乡村的觉醒。我很高兴捕捉到了这样的希望之光。这是我真实的发现，而非只是为小说添上一个光明的尾巴。"

　　阿来始终对自然界的损毁有着强烈的关切，他也试图用笔来唤醒人类的情感。只有当人们真正开始认识了自然，了解了自然，才有可能去热爱它、保护它。所以只要一有时间，这位对自然怀着深情，对植物无比熟稔的作家，就会回到山里去，去做一个攀登者，做一个"植物猎人"。

　　改革开放40余年的沧桑巨变，阿来创作出大批精品力作，乃至他1990年之前的作品再版，仍旧具有生命力，依旧有众多读者。阿来以他独特而敏感的触角感知着改革开放带来的变化，他所关注的始终是时代变革之下付出了代价的普通人。

文学是通往一个民族心灵的密钥，通往嘉绒藏区这片神奇土地的密钥是阿来的文学，是他的"生根之爱"。

"在国家版图上，无论是紧靠中心还是地处僻远，都经历了革命性变革，与种种变革带来的深刻涤荡。"时代的波澜壮阔从某种程度上也塑造了中国文学的广阔视野，阿来的作品无疑是从故乡的土地出发的。他作为一个偏僻山村子女众多的家庭里走出的长子，凭借个人的奋斗取得了不凡的文学成就，在他的身上折射出许多同时代人的追求，只是，他是笃定走到今天的一个。对个人机遇和命运的神秘，他始终报以敬畏，他是改革开放的受益者，同时也对这个时代回馈了丰富的人性记录和见证。

赵季平

从民族音乐的兴盛期走向繁盛时代

撰稿 ｜ 李程
电视记者 ｜ 梁译元

　　赵季平这位著名又低调的作曲家曾为无数耳熟能详的影视剧作曲，包括《黄土地》《霸王别姬》《红高粱》《大红灯笼高高挂》《孔繁森》《大话西游》《一九四二》《水浒传》《笑傲江湖》《大宅门》《乔家大院》《大秦帝国》……

　　不论处在人生低谷还是高峰，无论籍籍无名还是声名大振，他都心态平和，宠辱不惊。他告诉年轻人，"在不被人注意的角落起飞"，他的音乐人生大抵如此。

著名导演背后的作曲家

　　直到今天，75岁的赵季平仍然清晰地记得第一次见到陈凯歌、张艺谋和何群的情形。

　　那是1983年冬天，西安城南高大的梧桐树早已在寒风中变

电影《黄土地》海报

成了枯枝。一个阴天的上午，有人敲门，进来3人。其中一位介绍说："我们是广西电影制片厂青年摄制组的，这是我们导演陈凯歌，美工何群，我是摄影师张艺谋，咱们是老乡，我也是西安的……"

3位年轻人在筹备电影《深谷回声》（即后来的《黄土地》），想找一个年纪相仿、艺术追求一致的人为电影作曲配乐。

赵季平给他们放了自己的作品《丝绸之路幻想曲》第一章，大家屏气凝神、认真倾听，脸上也全无表情。到第一章结束，陈凯歌心里似乎有些激动，然后微微笑了。

1984年1月2日，一辆四面透风的白色面包车载着这四个热情的年轻人奔向了黄土地深处。他们去体验生活、观察陕北风土人情、修改剧本。采风回来，陈凯歌给了赵季平一首由陕北民歌改编的歌词，让他先给这首歌作曲，音乐要表现出电影主角翠巧对自己人生的痛苦哀叹——12岁便与人定下了娃娃亲。

六月里黄河冰不化，扭着我成亲是我大（爹）。五谷里数
不过豌豆儿圆，人里头数不过女儿可怜，女儿可怜，女儿哟。

　　赵季平看着歌词，想起了自己在陕北采风见到的黄河冰封，
想起了零下20多摄氏度在黄土高原上行走的冷峻，感受到了这片
土地的粗犷、痛苦；但他又从陕北民歌王贺玉堂的歌声中感受到
人们细腻的情感，以及对于生活的热爱。

　　很快他就完成了这个任务。一个晚上，陈凯歌对大家说：
"关灯，听歌！"在一片黑暗中，大家第一次听到了旋律哀怨又
优美的《女儿歌》，一屋子人都哭了。

　　这是赵季平与影视音乐的"初恋"，即将迈入不惑之年的赵
季平从此一发不可收拾，他的才华和积累终于在一个新的领域喷
涌而出，开创了中国影视音乐的一个时代。

　　如同宫崎骏的电影有久石让音乐的加持，赵季平的音乐对于
这些我们耳熟能详的电影或电视剧来说，同样不可或缺。此后，
赵季平的名字虽然常常与著名导演陈凯歌、张艺谋等人联系在一
起，但这一切似乎又与他无关。

　　当赵季平作曲的电影《五个女子和一根绳子》荣获法国南特
国际电影节最佳音乐奖后，他谁也没告诉，老同学黎琦还是看了
报纸后询问情况，他才说了三言两语。"他的脸上还是像往常一
样平静，像往常一样骑一辆自行车上下班，还是那样馋那一口羊
肉泡馍和捞面条，还是每天把一个个音符写上总谱"。

张艺谋、赵季平、陈凯歌

一曲一招

1986年底，张艺谋请赵季平给自己的新电影《红高粱》作曲，而且希望赵季平在电影开拍之前就完成《颠轿歌》《酒神歌》《妹妹你大胆地往前走》这3首音乐，他们再根据已经录好的歌曲拍戏。

两人研究剧本之后达成共识：《红高粱》的故事背景是中国北方农村，但并没有具体的地域指向，音乐要去掉区域性，保留一种北方味儿就行；影片中洋溢的自由狂放的人生态度，使音乐渲染上必须更强烈一些，要能抓住人心。

电影《红高粱》截屏

　　那首风靡全国的《妹妹你大胆地往前走》，赵季平写了两稿。在第一稿中，他运用了柳腔、茂腔等山东地方戏曲元素，但是主演姜文总学不会。赵季平跟张艺谋商量，这必须要改。

　　他想，这是土匪给自己心爱的人唱情歌，土匪唱歌是什么样？总不可能是意大利发声的唱法吧，得用更直白的方式写。他想起了陕北榆林地区人们劳动时的打夯歌，借用其中的元素，写出了姜文在影片中唱破了音的"妹妹你大胆地往前走……"

　　更让人称奇的则是电影中一段36支唢呐、4支笙和一面中国大箭鼓的高声齐奏。当赵季平把新乐谱拿给老师看，老师却说"你这是胡闹"。但音乐跟火红的电影画面结合之后，却产生了强烈的冲击力，让人震撼发抖。赵季平说："这是用唢呐的声音去模仿人生的呐喊，啊——好啊——"

虽然是纯粹的中国民族乐器，但无论是配器、演唱还是曲谱，又与传统配乐大相径庭，很有先锋派的感觉。赵季平说："并不是用一两件民族乐器就是民族风格，民族风格最根本的是用民族素材来表现民族的心理素质和精神风貌。"

因为《红高粱》的音乐，1988年第八届中国电影金鸡奖最佳音乐奖颁给了赵季平。

张艺谋拍电影《菊豆》时再次找到赵季平，他说："上次用的唢呐真棒，这次咱弄50把二胡！"赵季平满口答应："行，咱试验。"片子拍完，赵季平一看画面，觉得这个故事情节饱满，戏剧冲突已达饱和，怎么能用50把二胡去搅和呢？他觉得要做减法，否则电影本身会失去空灵感。考虑再三，他决定用白描手法，一支埙的声音贯穿全片，时隐时现，没有煽情、没有大起大落，但悠长悲凉、如泣如诉的旋律，就像悲剧的人物命运。

在《秋菊打官司》中，音乐与画面、环境声音配合，甚至让人觉察不到有配乐的存在。这一次，赵季平找到了4位陕西秦腔老艺人，请他们表演原汁原味的关中"碗碗腔"。老艺人每次开始唱，不是喊"预备——起"，而是"哎——走着""我觉得这个好"。而且老艺人们的乐器上都是陈年垢甲（泥灰），赵季平认为"这样的音色唱出来好听"。

"碗碗腔"与月琴弹奏穿插在电影中，就像山里的高音喇叭，总是放着音乐，不经意间能听见几声，音乐本身就是环境的一部分。"哎——走着"融入了影片中，似乎成了一个符号，让

电影《秋菊打官司》截屏

给《秋菊打官司》配乐的碗碗腔老艺人李世杰

人感觉就是秋菊打官司，走着。

在赵季平的配乐中，有粗犷、有豪放，也有细腻、有哀婉。他似乎没有重复自己，每一次的音乐创作都令人耳目一新。

"我这个人，并不是很强烈"

影视音乐，并不是简单地用音乐配画面。导演张子恩曾说："音乐家在电影中已不能成为自己领域的国王，他不能天马行空，随心所欲。"

"要作曲家给画面上的每个动作、各种表情写出音符组成的对等物与说明书"，很多作曲家觉得被动，不愿意与电影音乐"触电"。而赵季平却与每一位合作过的导演都成为目标一致的朋友，心灵相通，把合作变成一次次愉快的艺术之旅。

陈凯歌拍《黄土地》时，最早考虑过让另一位作曲家王西麟写音乐，最后却敲定了赵季平。赵季平后来猜想其中缘由，"可能是凯歌觉得西麟兄个性太强，合作起来西麟兄主观意识太强烈，凯歌又是个主观意识更强烈的人"。

他淡然地说："我这个人并不是很强烈：我要怎样，我要怎样。"他与每一位导演都相处愉快，他觉得"你是导演，我就得听你的，服从你，大家在一起艺术的探索都是商量"。

更重要的是，赵季平认为"音乐是表现电影灵魂的一个非常重要的手段"，他首先要为电影整体艺术效果考虑，为导演考虑，"我写一部交响乐，在主题展开之前，我可以有几分钟的铺垫。但是电影音乐不行，导演就给你几十秒，你必须把你的音乐展现出来，而且要合导演的意"。

写《红高粱》里的颠轿场景的音乐时，张艺谋说，"这一稿已经很好了，你能不能再写个更活泼的？"赵季平说："行，我可以写，但是我还是认为第一稿好。"第二稿出来，张艺谋一对比，也觉得第一稿好。

当赵季平看到《秋菊打官司》的样片，发现这是一部记录式电影。他认为，"如果作曲家主观创作意图放在第一位的话，片子的感觉就破坏了"，所以他去寻找能内化到电影本身的音乐。

陈凯歌在准备电影《边走边唱》时，一开始也让赵季平作曲并进入了剧组，后来却换成了瞿小松，赵季平一点也不气恼，他说："小松是非常优秀的作曲家，我非常推崇他。"并且把他为这部电影准备的一沓子陕北民歌资料全部给了瞿小松。

这种通达成就了电影，成就了音乐，也成就了赵季平。赵季平还是感谢导演，"他们从来没有抹杀我的个性"。

作曲家与导演之间达成默契至关重要。作曲家得从导演对音乐抽象的描述中找到感觉，进而将它们转化成旋律。导演与作曲家之间的交流，有时更像一场心灵感应，赵季平总能准确地抓住这种说不清道不明但又很清晰的艺术感觉。

拍摄《黄土地》时，陈凯歌用《老子》来解释全片风格，"大音希声，大象无形"，要求音乐简单又有表现力。

电影《红高粱》颠轿截屏

拍摄《霸王别姬》时，陈凯歌说要走商业化路线，要有好莱坞影片的感觉。当第一稿音乐出来，陈凯歌并不满意。他与赵季平谈哲学与诗歌、审美与艺术，这时候赵季平才感受到导演要的不是商业化，而是艺术化，才隐约理解"在导演和音乐方面进行一场革命"大概是什么意思。

于是，"我就按照人物写，程蝶衣是个戏痴，不管年代怎么变化，他还是那个'里格楞'，底下的弦乐队就是多调性的碰撞"。

这也许就是"当你创作时，你很难解释，只能感觉"。

我们不禁想问，赵季平这种灵动又细腻的捕捉形象感觉的敏感从哪里来？有艺术的天分，也有在那不经意的角落里经年累月的积累。

赵季平的父亲赵望云

在父亲的画案旁感受到了音乐

小学3年级时，赵季平在铅笔盒中放了个纸条：当一名作曲家。赵季平的父亲赵望云，是"长安画派"的开创者之一。很多人以为，赵季平长大后也会当个画家。但在赵季平的记忆里，父亲从未强迫孩子们一定得和他走一样的路。

小时候，每天放学回来，赵季平站在父亲身旁，静静地看他作画。看着父亲的笔触走向，看着画面的留白、远近，赵季平却在心里隐约地产生了音乐线条，感受到器乐与和声。就像作曲家古诺（Charles Francois Gounod，1818—1893）有一次听巴赫（Johann Sebastian Bach，1685—1750）的音乐时，突然若有所思

赵望云　《延河畔上建设忙》　1973 年

地说："我在这段音乐中发现了某些八角形的东西……"

多年后，赵季平在一篇纪念父亲的文章中写道："这是一种神奇又美妙的感觉。这感觉随着父亲笔墨的变化和线条的流动而强烈着，强烈着。在父亲的画案旁，鬼使神差地坚定了我当作曲家的决心。"

父亲的画稿，也许就是赵季平看到的最早的"电影"——父亲的《塞上写生》《西北写生》画稿就像一个个电影画面。在后来给影视音乐作曲时，这个过程竟有些惊人地相似：先看剧本、看片子，记录下自己的感觉，哪些地方要用音乐，哪些地方要留白，设计主题，再与导演商量讨论。

我在父亲的笔墨中，度过了自己不知事的童年和充满理想，又经历过迷茫的青年时期……父亲对我有着深刻的影响。

——赵季平

1958年，赵季平小学毕业，他按照自己的心意报考了西安音乐学院附中，考试成绩很好，但并没有被录取。"我没考上，人家不要我。"赵季平对这段记忆非常深刻，当时强撑着没哭出来。可是父亲云淡风轻地说："没事儿，路还长着呢，只要你爱，肯努力，照样可以成为作曲家。"

初中毕业后，赵季平再次报考西安音乐学院附中高中部。这一次，西安音乐学院院长刘恒之发现了赵季平，录取了他。1964年，赵季平考西安音乐学院，然而他心心念念的作曲系却停止招生了，爱才的刘校长让他进入二胡系学习，进而转到作曲系继续深造。这让赵季平有了更多机会熟悉乐器和乐队，了解各类乐器性能，以及它们组合在一起产生的音响效果。

1970年，赵季平毕业后被分配到陕西戏曲研究院，心里失落极了，"从音乐学院毕业，怎么跑到了戏园子里去了"？当时，他觉得作曲系的毕业生更对口的工作单位是歌舞乐团。在迷茫中，他决定去看望正在农村劳动的父亲，跟父亲聊一聊心事。

"毕业了，分得不好。"赵季平小声嘟囔。父亲却特别高兴，"这地方好啊！你在音乐学院学习的理论，那些都是外来的技术。你要去民间，向民间音乐学习"。与父亲在棉花地的这番

赵望云 《长堤送肥》 1959 年

赵季平在采风中听民间音乐

谈话，让赵季平安下心来。在戏曲研究院，他一待就是21年。

"我就像一个采矿人"

在戏曲研究院，他给样板戏配器，学做指挥，与同事们一起下乡演出采风，倾听记录整理民歌，研究陕西的秦腔、碗碗腔、眉户戏等，把它们和京剧、豫剧、晋剧、川剧作比较，寻找它们的不同点。赵季平说："在民间音乐的富矿中，我就像一个采矿人在积累。这21年可不得了，我学到了大量的东西。"

他越学越入味，越学创作思维越活跃。就像老同学黎琦的评价："21年里，他真真切切地把自己沉到戏曲音乐海洋之中，又借助体内的艺术元气，把自己托出了水面，从中悟出中国传统

赵季平与西安鼓乐传人交流

音乐和中国西部音乐的真谛，掌握了精髓，并融进了他的艺术血流。"

在这个过程中，赵季平对音乐的审美和感知也在变化，"一开始喜欢音乐，还是唯美的东西多一点，建立在唯美的感觉上"，但是随着他对中国民间音乐的深入了解，看到民间音乐"一种绝对有魅力的毛边"。他觉得这就像茂陵的大石雕，不追求形似，而是抓神，"纯粹的唯美，最后会弄得非常狭窄，就没有了冲击力"。

都说赵季平开创了20世纪80年代中国音乐的"西北风"，而这个地道的西北汉子不仅能写"西北风"，写其他地域性音乐时

赵季平

一样传神。赵季平自己解释说："在一个地方积累时间长，到另一个地方，能特敏锐地捕捉当地的语言特征、音乐个性。"

他把山东地方小调《王大娘锯缸》加以改造，成就了响彻神州的《好汉歌》；写《烟雨情》音乐，他去粤北采风，融入了客家山歌；写《乔家大院》音乐时，他去山西听晋剧，主题曲《远情》选用了晋胡和二股弦伴奏；写《大宅门》自然地运用了京剧元素；写《琵琶协奏曲》用了苏州评弹音乐……

不离开深爱的土地

近些年见到赵季平，发现他已满头白发，但精神矍铄。

赵季平不是没有机会离开西安来到北京，可是他还是愿意留在西安。有重要的创作他都会回到西安，他说他能在西安找到一种沉浸感，"我觉得这个地方不浮躁，能静下心，很自然进入常规创作状态"，"其他地方的感觉不对，所以这里的皇天后土，很有意思"。儿子赵麟却一语道破，这是"家族的基因和传承"，爷爷赵望云一直画西北。

赵季平最大的遗憾是，父亲赵望云在有生之年没能听到自己的音乐。1982年，父亲去世5周年，赵季平倾注了自己的全部感情创作了《丝绸之路幻想曲》，献给父亲，用自己的音乐诠释父亲的作品。巧的是，这首音乐竟然成为赵季平与导演们的桥梁。

赵季平像他的父亲，越来越像。其实，他离不开的不只是西安，还有他从父亲身上得到的精神力量，以及父亲教给他的艺术源泉。1933年，赵望云曾经写道："我是乡间人，画自己身历其境的景物，在我感到是一种生活上的责任，此后我要以这种神圣的责任，作为终生生命寄托。"父亲晚年，专门给自己画了一套册页，封面上题写着"生活实践是艺术源泉"。

近些年，赵季平很少写影视音乐了，他把更多精力放在纯音乐作品上，希望能有一些"留得下"。不变的是，他仍然走向他深爱的土地和生活中去寻找创作灵感。创作反映南京大屠杀历史

赵季平深入秦岭采风

的交响乐《和平颂》时，他来到南京，反复采风，在侵华日军南京大屠杀遇难同胞纪念馆看了大量史料，前后用了5年时间才完成创作。创作交响乐《大秦岭》时，他带着各个年龄段的创作小组成员，深入秦岭，听西安鼓乐，访道家圣地，入终南山，寻觅王维当年的诗境。

赵季平还在有意识创作一些古曲音乐，如《唐诗歌曲八首》《风雅颂之交响》等，将古代经典文化化成动人的音符，"唐诗、宋词、诗经都是非常棒的，写法上尽量朴实，简单"。

这些作品似乎又让人感受到了父亲赵望云晚年意境悠远的大幅山水、小幅册页，洒脱、深邃、空灵。

"在不被人注意的角落起飞"，年轻的时候，他跟几个搞艺术的人说起，"觉得特别有诗意"。走过了70多年岁月，经历了时间的沉淀，这并不容易，但时间也没有辜负他，"自己选一条路，认准了道，一条道往前走，越走越光明"。

　　在不经意的角落里的点点滴滴，他总结了16个字："甘于寂寞、心态平和、逆向思维、持之以恒。"

—赵季平— 从民族音乐的兴盛期走向繁盛时代

郭兰英

用一生为人民歌唱

撰稿 ｜ 梁珊珊

电视记者 ｜ 邵莉　徐丽莉　国鹏

　　一条大河波浪宽

　　风吹稻花香两岸

　　我家就在岸上住

　　听惯了艄公的号子

　　看惯了船上的白帆

　　这是美丽的祖国

　　是我生长的地方

　　在这片辽阔的土地上

　　到处都有明媚的风光

　　65年前，这首《我的祖国》首度通过中央人民广播电台向全中国播放。时至今日，经典依旧流行。郭兰英曾在访谈中说，很长一段时间里，每每唱起这首歌，她都忍不住热泪盈眶。

郭兰英

"《我的祖国》唱得完完全全是我的心里话，也代表了我郭兰英的生命，没有我的祖国哪有我郭兰英啊！"郭兰英曾这样说道。

有人说，郭兰英创造了一个自己的时代。

从新中国成立前到成立后，从战争时期到建设时期，几乎在中国革命的任何一个时期，都有她的歌声相伴——《我的祖国》《南泥湾》《人说山西好风光》《清粼粼的水来蓝莹莹的天》……这些散发着泥土气息的经典旋律几乎成为几代中国人的集体记忆。

除了歌曲，郭兰英还曾创造过中华民族新歌剧史上的辉煌，留下了《白毛女》中不屈不挠的喜儿、《小二黑结婚》中追求自由的小芹、《刘胡兰》中宁死不屈的刘胡兰等一系列舞台艺术形象。

回顾她曲折又传奇的艺术人生，我们由衷地感慨老一辈艺术

《小二黑结婚》剧照

家与国家命运紧密相连的跌宕身世，一生为人民歌唱的热情、朴素的爱国情怀，以及历经无数苦难依旧不改对艺术的初心。

"兰花"香自苦寒来

郭兰英是苦出身。

1929年，她出生在山西平遥一个穷困的农民家庭，是家里第六个孩子。

20世纪二三十年代的中国，社会动荡不安，物质条件极度匮

我和我们的时代

乏，对于很多穷苦百姓，吃饱穿暖是一件极为奢侈的事。

作为家中第一个女孩，父母给郭兰英取了一个乳名"心爱"。可本就揭不开锅的穷苦农户，实在养不活一个新生的婴儿。"我母亲哭，父亲也哭，没办法，与其眼睁睁地看着死，不如扔出去，让狼叼着吃了。"郭兰英就这样被扔到了村外的野地里。

当时，郭兰英的姑姑刚刚经历了丧子之痛，听闻此事，连滚带爬地把奄奄一息的小心爱捡回家。一直养到3岁，才把她送了回来。

可是，穷人的日子依旧难熬。

平遥位于晋中，这里是山西梆子的发源地，民间活跃着很多小戏班。没想到郭兰英从小就对看戏、唱秧歌充满兴趣，还天生一副好嗓子。母亲觉得女孩子学戏未尝不是一条出路，就把她交给了同村一个唱戏的叔叔。

郭兰英初学武生，又学小生、刀马旦，因为嗓音条件好后来又改学小旦。唱念做打，一句句戏词，一招一式的功夫，小心爱学得起劲极了。

四五岁时，郭兰英就跟着叔叔的戏班子跑"野台子"。身材矮小上不了舞台，太师椅太高爬不上去，就由大人抱上去；身子还没有道具木刀高，垂直提刀的小胳膊必须使劲抬起，才能使刀尖不着地。

"跟着我师父在农村里头演出。唱完一个，等下一个台口。有台口，就继续赶路。师父把我放在驴上，骑着驴，两边都是服装道具，还有被子什么的。我坐在中间，铺一个褥子，坐在上头。"郭兰英回忆。

直到全面抗战爆发，战火很快烧到了平遥城，郭兰英所在的戏班子，不得不解散。

郭兰英的家里，也愈发穷得衣不蔽体，食不果腹，甚至不得不外出乞讨。万般无奈，母亲忍痛把郭兰英卖给了人贩子。

"我说死也要和妈妈死在一块，死在自己家里，妈妈你已经扔过我一次，别把我再扔了。"郭兰英撕心裂肺地哭喊着。

虽然从人贩子手中逃脱，郭兰英还是辗转被卖到太原的一个旧戏班子，并签下了卖身契："死生由命，自身承担。"那一年，郭兰英只有11岁。

旧社会戏班子里学徒学艺的残酷经历，在电影《霸王别姬》中可见一斑。但郭兰英的那段学艺时光，相比之下有过之而无不及，她形容是"过着牲口一样的生活"。

每天清晨4点，空着肚子到野外去练声；北方的冬日清晨，寒风凛冽，师父要求郭兰英趴在冰面上练声，硬是喊得把坚硬的冰面哈出一个洞来。

练声4个小时，8点钟回到院子，接下来是两个小时的练功时间。早晨这6个小时结束后，才能吃早饭，吃也不能吃饱，因为会影响练功。早饭之后，大约10—12点，练习勾嗓子。中午过后，继续练习"吊嗓子"。

一天中的第二顿饭，吃得比较早。晚饭之后，要听师父念戏。因为那时候戏班子里的师徒都基本不识字，师父的戏文都记

郭兰英饰演晋剧《金水桥》中的银屏公主

在脑子里。师父一句一句地教，郭兰英一句一句地记，全是口传心授。

晚上有时候还要到戏园子里演出，演出结束回家，一般都到了夜里12点，等睡下，就更晚了。有时候真正留给学徒的休息睡眠时间，只有两个小时。但即便是睡觉也不消停，必须要把腿掰到脑袋后面枕着腿睡。大约过一个小时，师父会拿着小棍把徒弟们一个个敲醒，换另一条腿继续枕着睡。

除了日常练功学戏，还要为师父师娘打杂、做苦工。

冬练三九，夏练三伏。这样的生活至少持续了3年。

旧时的戏班子，学戏也叫"打戏"。有这样一句"顺口溜"广为流传："打戏打戏，非打不记。一天一顿，欢喜不尽；三天不打，上房揭瓦……"

师父手里那条长长的羊鞭，无数次落在郭兰英身上。实在忍不下去了，郭兰英也反抗过——吃毒药、逃跑，但每一次都被发现了。

"要想人前显贵，必先人后受罪。"郭兰英咬牙坚持，盼着有一天成了角儿，或许就熬出头了。

等到13岁的时候，郭兰英总算有了些名气。那时她不识字，但她记得"郭"字右边的大耳朵，"兰"字头上的两个小辫子，"英"字下面有两条腿。当看到戏园子门前"戏码"牌子上的"象形"字，才知道自己第一次挂上了头牌。

可即便小有名气，还是免不了挨打。郭兰英曾在访谈中回

14 岁时的郭兰英

忆起这样一桩事：有一次演出《蝴蝶杯》，一个演员病了不能上台，郭兰英被要求临时顶替。事况紧急，一大段唱词，郭兰英只听了三遍，凭着记忆力勉强背下。可上台之后，还是有一句不小心出错了，没想到师父因此暴怒。刚走下台的郭兰英，迎面就被师父一脚踹倒，紧接着就是一顿拳打脚踢，一直打回戏园。师父打累了，师母打，师母打累了，师姐再打，耍花枪的枪杆儿、木板、铁棍，能用上的武器都用上了。个性倔强的郭兰英不肯认错，她不服气，自己没什么准备直接上场，能完成这样已经很好了，凭什么还要遭此毒打？

还有一次，郭兰英的一个小师妹，因为记不住戏词被打得死去活来，郭兰英于心不忍，就偷偷把小师妹放跑了。闯下大祸的郭兰英被罚跪搓板，头上还顶着一盏油灯，直到灯油耗尽，面前的香也烧完后，才允许她站起来。郭兰英说，她现在的关节还特别大，就是那时落下的病根。

吃得苦中苦，方为人上人。郭兰英越来越红了。她不仅唱念做打俱见功夫，而且戏路颇宽，能演一百多出剧目；不仅能演以唱功见长的青衣戏，也能演花旦、刀马旦的戏。

后来，她跟着戏班子从山西唱到北京，又从北京唱到河北张家口，所到之处皆受到观众的追捧。1944年的张家口还流传着："宁卖二斗红高粱，也要听郭兰英唱一唱"，"误了相亲坐席，不能误了看郭兰英的戏"……

走进革命的大院

作为晋剧名角儿，郭兰英无疑成了戏班子里的"摇钱树"。可郭兰英却坦言，在16岁参加革命之前，她连钱的模样都不知道。

1945年，八路军解放了张家口。也是在八路军的帮助下，一路乞讨的母亲找到了郭兰英，母女两人终于团聚。

不久，郭兰英迎来命运的重要转折，那是在观看了由王昆出演的歌剧《白毛女》之后。

《白毛女》最先在延安首演，轰动一时。作家丁玲曾描写过看戏的场景："每次演出都是满村空巷、扶老携幼……有的泪流满面，有的掩面呜咽，一团一团的怒火压在胸间。"很多战士甚至口口声声喊着"为喜儿报仇"，冲上了解放战争的战场。

《白毛女》的演出队伍很快来到了张家口。郭兰英在《革命艺术对我的影响》一文中，讲述了自己初次看《白毛女》的经过：

> 我早听人家说《白毛女》是个很好的戏，是个"歌剧"，歌剧是个什么我也不知道。我早就想看了，就是没有机会。这次好容易碰上，我就兴冲冲地跑去看戏。戏一开头就"拿人"……说实在的，这时候我已经演过几年的戏了，我知道舞台上人物的喜怒哀乐都是演员表演出来的，所以我看戏一般不那么容易激动。可是看了《白毛女》，我却怎么也控制不住自

曾出演过喜儿的郭兰英（左一）、王昆（中）和李元华合影

己的感情，一边看，一边就止不住地流下了眼泪。

　　尤其是演到杨白劳去世，喜儿抚尸哭爹那一幕，郭兰英甚至激动地爬到台子边上，哭着问了一句："是真死了，还是假死了啊？"

　　喜儿的悲惨遭遇让郭兰英想到了自己。这个"旧社会把人逼成鬼，新社会把鬼变成人"的故事，启发了郭兰英对革命的情感。恰好当时中共张家口市委宣传部成立了"旧剧改革联合会工作组"，旨在帮助戏曲艺人提高思想觉悟。在工作组同志的帮助下，郭兰英与师娘、班主一伙决裂。

年轻时的郭兰英

　　1946年秋，国民党反动派悍然撕毁了"双十协定"，并向华北解放区的最大城市——张家口进攻，中国共产党紧急决定战略转移，暂时撤离。

　　时局动荡，眼看着帮助过自己的工作组撤离了，思虑再三，郭兰英作出了一个彻底改变命运的决定：携母参军。

　　她自制了一套军装，把象征名伶艺人的两颗金牙拔掉，毅然决然地加入革命的队伍，并幸运地成为《白毛女》演出队所在的华北联大文工团的一员。

　　郭兰英在旧社会受过无数苦难，组织上对她也格外关怀，安排了老师教她学文化、学简谱、学政治。郭兰英的表现也尤为积

郭兰英扮演喜儿

极，她主动帮文工团整理服装道具，在乐队里打打小锣，有时还跟随同志们一起和乡亲们在田间地头劳动。

解放区的天是明朗的天。那段日子是郭兰英一生都难以忘怀的。她曾在自己从艺生涯60周年纪念活动上深情地发言："我走进革命大院，遇到很多老大姐，老大哥，像沙可夫、艾青、周巍峙、乔羽、王昆等同志们，他们像爱护小妹妹一样地关心我、帮助我，给了我很多艺术润补的营养……"

能从一个旧艺人，转变为新文艺工作者，并置身革命队伍中的郭兰英，由衷地觉得光荣和感恩："大家团结友爱互相帮助，

郭兰英饰演歌剧《小二黑结婚》中的小芹

我逐渐认识到演戏是为人民服务，而不是为个人挣钱，我感到从未有过的愉快和充实。"

当时，在毛主席"文艺要为工农兵服务"的号召下，广大文艺工作者们深入农村，收集、整理当地流行的各种民间艺术作品，向劳动人民和他们创造或者喜爱的艺术学习，改革和创新了秧歌这种民间戏剧形式。

郭兰英也曾参与演出了《夫妻识字》《兄妹开荒》《王大娘赶集》等秧歌剧。

但郭兰英心里一直藏着一个梦。自从看过歌剧《白毛女》

之后，她就暗下决心，这才叫演员演戏，这叫"真"戏，要演就演《白毛女》。她一边如饥似渴地学习文化知识，一边不失任何机会地观看《白毛女》的排练，点点滴滴记在心头。某天《白毛女》女主演因为身体原因无法登台，郭兰英被拉来救场，她才有了第一次登台演喜儿的机会。

前面演得都很顺利，演到最后一幕的斗争会，郭兰英联想到自己以前的遭遇，在舞台上哭得一塌糊涂，唱不下去了……指挥、合唱全乱套了，舒强导演在侧幕一个劲儿地喊："兰英！孩子啊，这是演戏！是演戏啊！"

台下的观众也被感染了，很多人甚至振臂高呼："打倒恶霸地主黄世仁！""严厉镇压恶霸地主！"伴着观众的口号声，郭兰英慢慢回到现实中来，继续把戏演完了。

郭兰英回忆说，戏结束后，舒强导演含泪抱着她："孩子，好啊，好啊！""从今往后，要好好努力，把喜儿这个角色好好琢磨琢磨——为什么你唱不下去？我能理解。《白毛女》喜儿这个戏就是写你的生活的。""要提高文化，你会创造出一个不同的喜儿！"这些话，郭兰英一直记在心里。

慢慢地，郭兰英摸索出了自己的风格，她把传统戏曲表演优势以及地方民歌中大量歌唱技巧融会于新歌剧之中，使之更加艺术化、民族化。

之后的十几年里，郭兰英投身新歌剧创作，陆续参演了《小二黑结婚》《刘胡兰》《春雷》《窦娥冤》等剧，成了新歌剧舞台上一颗耀眼的明星。

可无论演过多少戏，郭兰英坦言总演不够的是《白毛女》。"我的身上已经深深烙下了'喜儿'的印记。"她说。

为人民而唱

1949年，新中国成立前夕，郭兰英被委以重任，参加在匈牙利布达佩斯举办的世界青年联欢节。因为是第一次独唱，年仅19岁的郭兰英很紧张。

但周总理告诉她，她虽然一个人在台前演唱，但她的背后有四亿五千万人民做后盾，所以不用怕。这让郭兰英很受鼓舞，在大赛上演唱了山西民歌《妇女自由歌》并拿下大奖回国。这是中国人第一次在世界艺术大赛上获奖，也是郭兰英为开国大典献上的一份厚礼。

郭兰英出身于旧社会的贫苦家庭，参加革命后，她演的都是老百姓的事，唱的都是老百姓的情，格外受百姓们的喜爱。在新的时代里，郭兰英也继续以饱满的热情歌唱着新生活，歌唱着人民。

1956年，由长春电影制片厂制作的电影《上甘岭》完成了全部镜头拍摄，但插曲的录制工作却迟迟未能完成。剧组邀请了国内许多知名歌唱家试唱，效果都不是很好，于是，词作者乔羽向导演沙蒙推荐了郭兰英。

没想到，郭兰英一开口，全场叫好。顺利完成录制的第二天，电台便向全国播放了这支歌，于是出现了电影尚未上映，插曲红遍全国的景象。而"郭兰英"的名字和歌声，随着电波，响彻大江南北。

1959年，郭兰英又为电影《我们村里的年轻人》演唱了插曲《人说山西好风光》，同样风靡一时。

1964年，为庆祝新中国成立15周年，大型舞蹈史诗《东方红》进入了筹备阶段，这是当时文艺界的一桩盛事，郭兰英也被选入参演。

歌曲《南泥湾》创作于1943年，描绘了大生产时期荒芜的南泥湾被改造成万亩良田的景象。这首歌之前是由美声唱法演绎，但在《东方红》大联排的时候，周总理提出要用民族唱法重新演唱《南泥湾》，并点名由郭兰英来演唱。

当时郭兰英正在国外演出，等她匆忙回国，离《东方红》的公演只剩下10天时间。郭兰英回忆说："走了一次台之后，第二次就是彩排，第三次就是正式演出了。"

短短的时间内，郭兰英编排了很多舞台上特别的动作手势，如她在表演中走的不是之前的秧歌步，而是戏曲的台步。《东方红》成功演出后，郭兰英更是家喻户晓。

20世纪50年代初期，歌剧界、声乐界曾发生过所谓的"土洋之争"。很多人对郭兰英说："你那土嗓子吃不开啦。"郭兰英顶着压力，不愿意改唱美声，在一次文艺工作者招待会上，她向

舞蹈史诗《东方红》中的郭兰英

1963年5月，郭兰英在山西太原演出时独唱《南泥湾》

周总理诉苦，周总理出面解围，认为她的唱法，已经在广大群众中很有影响了，还是让郭兰英按照自己的路子发展下去。

1963年，郭兰英首开先河，在民族文化宫举办了民族唱法独唱音乐会，这在当时还是一件非常新奇的事。据说，排队买票的观众一直排到了西单十字街头拐弯处，连周恩来总理和郭沫若也亲临现场观看演出。

词作家乔羽曾说，郭兰英走到哪里，哪里便成为音乐的节日。

"在兰英面前，听众是陶醉在艺术天地里的听众，无论他们是在流泪，还是在难以抑制的兴奋和喜悦中，他们的呼吸和心的跳动，与兰英歌声的旋律和节拍是一致的……"乔羽说。

在一次访谈中，郭兰英直言，类似"音乐的节日"这样的场面实在太多，真正让她印象深刻的却不是正式的演出场合。

那是1948年冬天，郭兰英随文工团赴太原前线，途中他们停宿在一个小山村里。房东大娘知道这是一群文艺工作者，便感慨道："唉，可惜你们来晚了，我们山西原先有个好唱家，山西梆子唱得可好啦，你们听了也会说好，可惜她已经死了。"大伙儿问起这位好唱家是谁，大娘脱口而出："郭兰英。"

当大伙儿说眼前这位姑娘便是郭兰英时，老大娘忍不住落下了眼泪，郭兰英也感动地哭了。那一夜，郭兰英为老大娘演唱了好几首山西梆子和太谷秧歌，闻声而来的乡亲们挤满了整个院子，连墙头上也爬满了人。

1958 年 5 月，中央实验歌剧院演员郭兰英在西安街头为市民演唱
《小二黑结婚》选曲

1981年夏天，郭兰英和中国歌剧舞剧院的同志们从塘沽回天津。在塘沽火车站等车时，剧院的一位同志喊了一声郭兰英的名字，结果被候车的旅客们听见了，大家围拢过来，请郭兰英唱一支歌。郭兰英毫不犹豫地答应了。她的歌声引来更多的人。他们当中有工人，有学生，有机关干部。男女老少，把郭兰英里三层外三层围得水泄不通。车站上的工作人员不得不搬来一把椅子，让郭兰英站在椅子上唱。郭兰英唱完了《我的祖国》，唱《南泥湾》，又唱《绣金匾》……如果不是怕误了火车，郭兰英坦言还想一直唱下去。

郭兰英扮演喜儿

等到郭兰英上了火车，有些人追着火车向她挥手，高声喊："郭兰英，欢迎你来演出！欢迎你来演出！"

"过去，我处在社会的底层，没有做人的尊严，受尽凌辱和苦难；而今，在党的培养下，为人民歌唱，受人民爱戴，享受到人民给予的诸多荣誉。"时至今日，郭兰英仍在很多场合以亲身经历激励新一代的歌者，要亲近人民群众，为老百姓而歌。

传承与坚守

1976年，周总理去世，这对郭兰英的打击很大。

在郭兰英的艺术生涯中，周总理无疑是她的一位"伯乐"。怀着沉痛的心情，在一次演出中，她将《绣金匾》第三段的原词"三绣解放军，坚决打敌人，消灭反动派，全国享安宁"改为"三绣周总理，人民的好总理，鞠躬尽瘁为人民，我们热爱你"。

当晚演出前，郭兰英和乐队商量："我唱到'三绣'的时候，请你们把节奏能慢到什么程度，就慢到什么程度。"

"三绣周总理"刚唱出口，郭兰英的声音就已经抑制不住地带着哭腔，台下几千名观众屏住呼吸，现场响起一片抽泣声。

周总理生前曾对郭兰英说："兰英，你现在还年轻，还能唱，还能演，将来年龄大了以后，还能干什么，想过没有？"年轻的郭兰英爽快地答道："那到时候革命让我干什么，我就干什么。"周总理叮嘱她，等她年纪大了可以带学生，把民族艺术传给下一代。

多少年过去，郭兰英愈发理解周总理的良苦用心，致力于发挥余热，传承民族音乐事业。

1982年，郭兰英告别舞台，走上讲台，在中国音乐学院任教。她跑了国内许多地方，探索创办学校、培养人才的路子。1985年，她变卖家产离开北京，来到人民音乐家冼星海的故乡——广东番禺创办民族艺术教育事业，培育了众多民族音乐的

郭兰英 — 用一生为人民歌唱

86 岁郭兰英亲自示范《白毛女》"哭爹"片段

人才。李元华、万山红、刘玉玲等人都是郭兰英的弟子；老一辈歌唱家里，马玉涛、任桂珍、乔佩娟、贠恩凤等也都向她学过艺；当下仍活跃在歌坛上的中青年歌手，也都曾在学艺路上或多或少受过她的熏陶。

而郭兰英对一代又一代演员的影响，绝不仅限于演唱和表演艺术，更体现在她对舞台和艺术的敬畏上。

她的老搭档柳石明曾在一次访谈中回忆，在郭兰英的一台告别舞台音乐会上，剧场年久失修，舞台上的地毯被磨得"倒绒"。在演出《白毛女》的"下山"段落时，郭兰英有个一路小跑的动作，脚下一没留神，重重滑倒在舞台中央，当即疼痛得连站立都有些困难。但郭兰英仍坚持把最后一段《窦娥冤》里的"托梦"唱完。

当唱到窦娥与父亲窦天章告别那段，柳石明眼看着郭兰英疼痛难忍，却努力做着每个动作，心疼不已。

演出终于结束了，郭兰英被送到医院检查，被诊断为：骶骨粉碎性骨折。

多年后，柳石明激动地说：这么严重的摔伤，郭兰英还坚持演出，她的敬业精神、她的艺德，使这场演出堪称经典！

2015年是歌剧《白毛女》首演70周年，在文化部的组织下，歌剧《白毛女》再度进行了历史性复排。新版《白毛女》由雷佳饰演喜儿，邀请郭兰英担任艺术顾问。《文化十分》记者用镜头记录下了令人动容的一幕：

在讲解喜儿"哭爹"这场戏时，86岁的郭兰英亲自上场示范，随着撕心裂肺的一嗓子"爹"，她"扑通"一声扑倒在地上，令在场所有人流下眼泪。

排演间隙，郭兰英还语重心长地说了这样一番话：

> 我一切为了观众，每一个字，每一个表情，整个的人物、造型等，全方位我都要让观众看得清清楚楚，耳朵听得明明白白。

2016年，中国歌剧舞剧院复排歌剧《小二黑结婚》，郭兰英再次被邀请担任艺术指导。除了亲身示范表演和演唱秘诀，郭兰英依旧不忘教导年轻演员们："艺术来源于生活，我们要虚心向生活学习；观众是我们的老师，我们要通过真情实感来打动观众。"

为人民唱了一辈子，这位90岁的朴素老人却一直不能习惯诸如"艺术家""歌唱家"这样的美誉。

几年前，在中央电视台《中国文艺》"向经典致敬——郭兰英"一集中，她一脸认真地向观众解释："我真的没做什么，不就父母给了一个好嗓子，唱了几首歌，演了几个戏吗？但大家却对我这样尊敬啊，爱护啊，心疼啊。我觉得观众才是我的老师，我的父母，什么这个'家'，那个'家'的，我承受不起。"

田青

从田野到"田野"的音乐家

撰稿 | 梁珊珊
电视记者 | 张焕东　邵莉　高忠　于博涵

　　田青一生致力于三件大事：研究宗教音乐、发掘原生态音乐、保护"非遗"文化。

　　他自称"有新思想的老派文人"。他的"新思想"表现在求真务实，不怕思想禁区，不拒绝新生事物；"老派"意味着遵循中国传统价值观念，"讲究忠孝和仁、义、礼、智、信"。

　　改革开放40年，亦是田青深入民间、延续音乐传承、复兴传统文化的40年。生逢其时，身体力行，对田青而言，是幸事，也是乐事。

从"工农兵学员"到青年学者

　　1980年夏，天气酷热，一个年届而立的男人每日早上8点准时出门，到附近有空调的和平区图书馆阅览室埋头苦读。中午，他

插队下乡前的田青

匆匆回家扒口饭再去，直到图书馆下班。晚饭后，他又一个人提溜着小马扎溜达到马路上，借着路灯的光继续学习。

"临阵磨枪，不快也光"，这是田青当年备战研究生考试的日常。

"动荡年代刚刚结束，安心学习显然不是一件容易的事。"田青说，"那可能是我一生中最疯狂的学习经历了。"

"文革"时，田青"上山下乡"，在黑龙江插队落户五年多，接受贫下中农的再教育。

沉寂的黑土地上，每日繁重的体力劳动，使读书和音乐成为这个年轻人唯一的精神生活。一本斯波索宾的《和声学》教材，一本《外国名歌200首》，以及一把从亲戚那里借来的夏威夷吉他，被他视为珍宝，陪伴他度过那段艰苦岁月。

1973年，掌握多门乐器的"文艺青年"田青，被大队推荐参加天津艺术学院的招生考试。最终他被作曲系录取，幸运地成了一名"工农兵学员"——特殊年代的历史宠儿。

1978年恢复研究生考试后，中国艺术研究院开始招生。此时，田青已从天津艺术学院毕业，留校任教已两年。

这期间，他慢慢发现自己可能成不了"贝多芬"。当面对研究生考试这一改变命运的选择时，年届而立的田青自然跃跃欲试。他开始了艰苦的备考。

"你走了，你的课谁教呢？"天津艺术学院老院长缪天瑞的一声叹息，挽留住了田青。直到第二届硕士研究生招生，老院长已调至中国艺术研究院，田青才报考。1982年，他如愿考上中国艺术研究院研究生部音乐系，成了著名音乐教育家杨荫浏先生的关门弟子。杨先生一生致力于民族音乐遗产的搜集整理和中国音乐史、乐律、音韵、古谱的研究。为世人所知的民间音乐家"瞎子阿炳"传世的六首名曲（二胡曲：《二泉映月》《听松》《寒春风曲》，琵琶曲《大浪淘沙》《龙船》《昭君出塞》）即出自杨先生的录制、整理，它们是民族音乐的珍宝。

"因缘造化"，音乐学院的科班训练不仅让田青初窥音乐之堂奥，良师的造诣、治学理念等更是潜移默化地影响了他后来的发展方向。

时代转换，田青也从一个酷爱文学艺术的"工农兵学员"，逐渐向学者转变。

考察佛教音乐，闯入"禁区"

在同届研究生中，田青的年龄偏大。当大家还在校园里苦读的时候，他已经走出教室去做田野调查了。"中国古代音乐史相当于一部无声的音乐史，能听的作品实在太少了，迫切需要找到'活的'古代音乐音响资料。"他说。

改革开放带来思想上的解放，一时间流行音乐作品如野火春风般，弥漫了整个神州大地。"邓丽君的歌那叫一个'洪水猛兽'啊，真的像洪水一样把整个大陆都淹没了，应该说我们这代人买的第一盘磁带，几乎都是邓丽君的。"

"任何一个流行歌手，仿佛红那么两年就立刻有新人代替他。"20世纪80年代，流行音乐的变化令人目不暇接，也令田青感到困惑和不满。作为一名学者，他迫切需要行动起来，去整

田青在拉卜楞寺采风时试吹法号

理更多的深藏在民间的古老音乐，只有"活的"音乐，才有说服力，才能在一定程度上弥补音乐传承的断裂。

但是去哪儿找呢？

他第一个想到的就是寺庙。去寺庙的高墙里面，看看有没有残存的古代音乐。对他而言，宗教音乐有一种神奇的魅力。"瞎子阿炳"曾经是无锡雷尊殿的一名道士，子承父业，少年时就已熟练掌握了笛子、二胡、琵琶等多种乐曲的演奏。寺庙一度是世相的最好考察地，也是音乐可能保存最完好的地方。这是一项空白，也是一个"禁区"，众人都不看好，但田青还是默默地下了决心，亲自去找。

到1980年9月，"全国佛教寺庙有宗教活动的有一百多所，但大部分寺庙已经没有僧人了，都变成生产队的仓库，有的甚至用来设办工厂，或者变成居民的大杂院"。但他相信，在这些被称为最保守、最古老的地方，隐藏着一个巨大的音乐宝藏。得到研究生部特批，揣着300元的考察费，背上一部像"砖头"一样的录音机，一壶水，一个装满书和干粮的绿挎包，他踏上了佛教音乐考察的旅途，而且一去就延续了十年之久。那时候，交通、食宿远远没有现在这么舒适便利，况且，他一路所经、所寻找的寺庙大多在穷乡僻壤之地，深山荒野丛林之中。风餐露宿是家常便饭，渴了喝一口自来水，困了睡在火车座位底下，田青几乎走遍了整个中国——觐普陀，涉敦煌，造访西藏数百所汉藏寺庙。

"中国的传统文化生命力之强，真的是超出我们预料。在一些特殊环境里，它们会采取曲折的方式保存自己，延续自己的生命。另外，中国传统文化在民间扎根之深，传播之广，包括普通老百姓为保护传统文化做出的种种努力，也让我很惊讶。"

随着改革开放的逐步深入，中国的文化重建工作全面展开，与此同时，宗教政策全面落实，佛教也慢慢地进入了"复兴"阶段。

因缘际会，田青受邀担任《中国音像大百科·佛教音乐系列》的主编，这样一个位置非常适合他，也非他莫属。

最终，他把不同宗派的中国佛教音乐都进行了一番"原汁原味"的忠实记录。30盒磁带作为他行程10万公里、历时十余年的佛教音乐考察成果，呈现在世人面前。

"功德无量！"中国佛教协会会长赵朴初先生面对田青，连连赞叹。

音乐求真，拒绝"千人一声"

2000年3月，第九届"青歌赛"民族唱法组出现了一张陌生面孔，他表情严肃，给所有歌手几乎都打出最低分，媒体称他是"冷面评委""铁面评委"。

这个人就是田青。

"作为学者，我应该靠我的著作作为安身立命之本，没有可能，做一个学者还被普通的公众所认识。"

起初只是被邀请去"救火"的田青，就这样意外走进了公众的视野。

而在此之前，田青对声乐界现状非常陌生。

决赛前的复赛上，田青从早听到晚，最多的时候一天能听到一百多名歌手演唱，"完全是狂轰滥炸"。因为大部分歌手都经过了民族声乐的系统专业训练，由此导致"千人一声"。他称这些人是"罐头歌手"："一样的配方，一样的用料，很科学，也有营养，但是缺乏味道啊！"

田青觉得这是时代造就的审美。从农业文明向工业文明的转型中，人们普遍"以大为美，以科学化、工业化的东西为美"。但歌唱艺术应该是独特的，来自生活的那片土地，来自心灵深处。田青的这番言论引起了许多观众的共鸣，也在声乐界"扔了一颗炸弹"。面对所谓的"学院派"的"围攻"，田青依旧直言不讳，坚持己见。他说，作为一个学者，没有比"求真""说真话"更重要的了。

"啊，金色的故乡，是我可爱的家乡，那里山清水秀，那里鸟语花香，那里有最美丽的最神圣的喇嘛庙和佛光普照的殿堂，无论走到哪里，他会永远保佑你。那里有慈祥阿妈和美丽的姑娘，无论走到哪里，他会永远祈祷。"

没有经过任何专业训练的藏族歌手索朗旺姆，出现在第十届"青歌赛"上，唱出一首高亢的《金色故乡》，凭此曲摘得"业余组民族唱法金奖"和"观众最喜爱歌手金奖"。

2006 年，在"青歌赛"上点评歌手

2006年"青歌赛"正式设立"原生态唱法组"，由此打破了原本美声唱法、民族唱法、通俗唱法三分天下的格局。无数默默无闻的少数民族歌手，以及生长于田野乡间的民间歌手纷纷"闯了进来"。

"其实我争论的本质问题，是我们应该如何看待民间艺术，如何看待民间的艺术家。他们认为只有学院派是高的，没有受过他们专业教育的统统都是低的。那我不同意。

"实际上，古今中外，一流的艺术家没有不对民间的艺术持一种尊重态度的。连大诗人白居易写完诗都会给老太太念，老太太听明白了才叫好诗。那你怎么能用这么一种居高临下的态度，用一种傲慢的态度，来看待民间的这些歌手和艺术呢？"

此后，田青的学术事业发生重大转向："走出书斋，面向社会，积极提倡向民间学习，发现民间优秀歌手，反对'全盘西化'，从提倡声乐领域的'原生态'唱法开始，全面弘扬中华优秀传统文化。"

他不仅在媒体上发声，更行走于乡间野地，亲自去挖掘那些长久以来被边缘化的民间艺术家，并适时地将他们带到公众面前。

2002年8月，田青在太行山左权县无意之间听到一阵一名羊倌飘逸的歌声："啊格呀呀呆——啊格呀呀呆——桃花花你就红来，杏花花你就白，爬山越岭我寻你来呀，啊格呀呀呆……"

世界上还有这么好的歌声！立刻，他决定请这个放羊的年轻人到浙江参加文化部（现文化和旅游部）组织的民歌擂台赛，最终摘得"歌王"称号。第二年，田青又推荐他在人民大会堂举办的"新年音乐会"演唱，由此一炮而红。他就是后来的"羊倌歌王"石占明。

2003年8月，田青听到一群盲艺人演唱《光棍苦》《冯魁卖妻》时，顿时热泪盈眶："真的是唱到人心里去了。"他激动地写下《阿炳还活着》一文："我面前的这些盲艺术家，就是师旷再生，阿炳重生。"

左权盲人宣传队成立后，田青为他们创造了去北京演出的机会，而他们每次来北京都要去看望田青，感谢他的知遇之恩。

2007 年 4 月，田青赴法国巴黎参加联合国教科文组织总部举行的"巴黎·中国非物质文化遗产艺术节"活动，并担任此次活动的艺术总监，具体组织此次活动

一次大病，田青意外地收到他们东拼西凑的5000元钱。他感慨地说："我这一辈子不管挣多少钱，都没法跟这5000元钱相比。"

太行嵯峨路蜿蜒，扶杖牵裳走山间。

青冥无眼生瞽目，红尘有意化奇缘。

凄凄二胡哭云水，切切三弦动风烟。

千载师旷今仍在，向天而歌又十年。

——田青为左权盲人宣传队作诗

2017年4月，在深圳图书馆为"深圳市民文化大讲堂"讲授"传统文化与当代中国"

田青是一个至情至性的人，他一次次出发，去田野间寻找、发现中国最美的音乐。音乐是人发自肺腑的心声，美的音乐一定是真的，它最无欺。美而真的音乐在这片大地上、在人们的生命中流淌，田青的脚步从来没有停下。

"为非遗尽孝"，普惠众生

你的父母病了，送不送医院抢救？医生说癌症治不了了，那就不治了吗？不可能！你要想尽各种办法。这个医院不行，

看那个医院；西医不行，找中医。所以我说要为国尽忠，为非
物质文化遗产尽孝！

——田青

　　"非物质文化遗产，是除了我们的黑眼睛、黑头发和黄
皮肤之外的，所有决定我们是中国人，而不是外国人的文化
要素。保护这些文化遗产，虽然保护的是昨天，但为的是今天，
还有明天。对祖宗留下来的这些宝贵遗产，我们用双手接着，
但绝对不能让它们像沙子或者水一样，顺着我们的手指头缝
流失了。"

　　田青的这番话，时至今日，依旧振聋发聩。

　　进入21世纪，中国文化界最有影响的一件大事莫过于"非物
质文化遗产保护"。

　　中国的现代化进程举世瞩目，但"两眼往前看，一心一意奔
现代化"，也导致人们"无暇停下脚步回眸远望"，某种程度上
出现与传统文化的疏离。

　　"仅在戏曲领域，全国大约有300多个地方戏剧剧种，改革开
放后已丢失了一半还多。"田青从小跟着姥姥看大戏，从内心深
处对戏曲有一种热爱。

　　中国现代化进程中遭遇的问题在西方发达国家同样适用。
2003年10月，《保护非物质文化遗产公约》在联合国教科文组织

2017 年 5 月，在贵州考察非物质文化遗产的传承与保护

第32届大会上通过，旨在保护以传统、口头表述、节庆礼仪、手工技能、音乐、舞蹈等为代表的非物质文化遗产，于2006年4月生效。

20世纪80年代那个充满了理想和豪情的时代结束之后，经过一段时间理想主义的缺失，我认为自己终于又找到了一条可以为之奋斗的带着理想主义色彩的道路，那就是对非物质文化遗产的保护工作。

——田青

当推动"非物质文化遗产保护"上升为国家政策时，田青之前几十年的积累有了更大的用武之地。

2001年，中国昆曲荣登第一批"人类口头和非物质文化遗产代表作名录"榜首。但当时这一事件在国内并未引起多大反响，新华社也只是刊登了一则豆腐块大小的消息。

2002年，田青开始介入非遗保护的具体工作。他组织制作介绍古琴的专题片，使古琴顺利入选第二批"人类口头和非物质文化遗产代表作名录"。

2006年元旦，为了普及和宣传中国的非遗文化，中国艺术研究院承办第一届"中国非物质文化遗产保护成果展"及演出活动。时年58岁的田青再挑大梁，既是策展人，也是演出总导演。

第一届"中国非物质文化遗产保护成果展"及演出活动设在中国国家博物馆和民族文化宫，除图片、文字外，田青还从全国收集来能够展现非物质文化遗产的2000多件实物，以及组织多台民间艺术、手工技艺表演。

中国国家博物馆当时的负责人觉得这些"老掉牙"的东西没人看，仅给了一周的展览时间，很多媒体也不懂什么叫"非物质文化遗产"，不愿意参与报道。

可没想到，展览第三天就引起了轰动。纷至沓来的媒体，一波接一波的看展观众络绎不绝。

"如果大家同意我们非物质文化遗产保护的行为，愿意献身成为非遗保护志愿者的，请签名。"（在展览结束的地方扯了一块红布）当田青看到一个4岁的小女孩踮起脚尖在红布上一笔一画写下自己名字的时候，他觉得自己二十多天通宵达旦的付出都是值得的。

"看展演的人最典型的反应是，没想到我们国家还有这么多美好的，这么多了不起的文化瑰宝。几十年来，大家眼睛看到更多的是欧美、西方的东西，突然回过头来发现我们祖先的东西原来这么好，许多人都感到惊喜和激动。毕竟这样的文化基因，精神基因，还留在我们的血液里。"

2006是"非遗元年"，也是"非遗"保护最辉煌的一年。中国正式成立非物质文化遗产保护中心，田青任中心副主任。

按说联合国"非遗"代表作名录两年评选一次，一个国家每次只能入选一个项目。但田青想，中国地大物博，56个民族各个都有着丰厚的非物质文化遗产。

为了加快"申遗"进程，他参与建立了县、市、省、国家四级遗产名录体系，并在成都举办了第一届国际非遗节。

"我们做了一个像庙会一样的巡游，各种戏剧巡游，各种文化项目展演，把联合国教科文组织的专家和工作人员邀请过来观看，他们特别赞叹，觉得中国的文化太伟大了。"

被"洗脑"的联合国教科文组织破例为中国"改章程"。那一年，中国申报了50项非遗项目，22项获批。

从一个大众陌生的名词——"非物质文化遗产"，到如今全国上上下下喜谈"非遗"文化，这场"非遗"保护运动取得了很大的胜利。而这十多年来，田青在不同的岗位上都为"非遗"保护出了自己的一份力，或肩负具体的领导工作，或在专家的层面上引领，一直到现在退休了，也没有停下。

"应该说从五四运动到现在，一百年来，我们一直是把传统文化当成现代化的障碍了。那么，在现代化取得巨大成就之后，我们再重新反观传统文化，仍然佩服我们祖先的伟大创造力。作为中华民族的子孙，我们为它感到自豪。"

"这份自豪、自信，应该说和我们十多年来非物质文化遗产保护的工作是分不开的。"

"尽我所能做个'保守派'"

"我们目下的当务之急是：一要生存，二要温饱，三要发展。苟有阻碍这前途者，无论是古是今，是人是鬼，是《三坟》《五典》，百宋千元，天球河图，金人玉佛，祖传丸散，秘制膏丹，全都踏倒他。"

鲁迅在《华盖集·忽然想到》里的这段话，田青至今倒背如流。

"年轻时热血沸腾，总想摧毁点什么，建设点新东西，打破旧世界。可有一天我忽然发现，鲁迅先生当年要踏倒的，如今统统都是非物质文化遗产，是宝贵的传统文化，是我们今天要保护起来的。"

多年来，田青对"非遗"的态度一直都是："既然保护就要原汤原汁地保护，保护就是守旧，保护领域不存在创新。"

有一种比"山乡巨变"更震撼的叫"亘古不变"。

常有人质问田青："难道糟粕也要保护？"田青并不正面回击，反问道："谁来认定精华与糟粕？"

在田青看来，文坛巨匠鲁迅先生对传统文化的态度尚有历史局限性，而作为一个知识分子，最忌讳的就是"随大流"："我们就应该比别人先明白一些事情，然后去引领大众。"

但田青并不是拒绝传统文化任何形式上的改造和创新，看过白先勇青春版的《牡丹亭》，他也忍不住赞叹。只是在"每一分钟，就可能有一首民歌、一种技艺、一座古建筑永远地消失了"这样危急的境遇下，"抢救第一"！

另外，田青说，现在很多所谓的"发展"，其实"是对非物质文化遗产的破坏"。如古色古香的昆曲中加上街舞，弄得"四不像"，北京的雕漆用工业技术代替手工工艺，结果做出来"像压缩的鞋底一样"，田青皱着眉头直喊心疼："对传统文化要有敬畏之心，要慎谈发展啊！"

前些年，田青在一次讲学时对学生说："你们要老老实实地学习传统文化，不要现在就想着创新。"随后一个学生就提出质疑："为什么梅兰芳可以创新，我不可以创新？"

"对，梅兰芳可以创新，你不可以创新。原因只有一个，梅兰

拍摄于 2018 年

芳会五六百首大戏，你连三出折子戏都没学会，你创什么新？你知道什么叫'新'，什么叫'旧'吗？"田青的回答很不客气。

"很多人骂我'保守派'，我不以为耻，反以为荣，我是'保守派'。我'保'护文化遗产，'守'望精神家园，我今年70岁，在有生之年我还要尽我所能做一个'保守派'。"

"我说对中国的传统文化，我是'尽孝'，所以别批评我哪件事做对了，哪件事做坏了。对于一个病重的老母亲，我必须给她买药，哪个药有用哪个药没用，你也不要谴责我。我要倾尽我所有的努力让她能多活一天算一天。"

"我国的优秀传统文化，本是一棵光芒璀璨的大树，它根深叶茂，在华夏大地上屹立了几千年。但是，由于近代西方强势文化全球化浪潮的冲击，这棵大树几经摇撼，已是落叶纷披、遍地金叶。倘不迅速捡起，任其随波逝去，则是我们这一代的难辞之咎。"因此，田青将"捡起金叶"当成其毕生的事业。

在他的身上，我们看到"热爱"这种巨大的生命能量。

2018年10月26日，《田青文集》出版发布会在中国艺术研究院举行。他发表了用情深切的演讲："我作为一个研究中华传统文化的学者，在后半生，在国家需要我的时候，能够全身心投入到弘扬优秀传统文化的工作中，真是我的幸运和福报。感谢时代，感谢生我养我的土地。"

已年届古稀的田青，看起来神采奕奕。他语调平稳，鲜有起伏。但他深厚的学识和无畏的个性，令人肃然起敬；颇为幽默又有真性情的谈吐，又让人感觉可亲可爱。祝田青先生继续真善美的音乐之旅，愿热爱与他永远相伴。

于蓝

做一个纯粹的人　一个高尚的人

撰稿 ｜ 梁珊珊

于蓝因为饰演经典影片《烈火中永生》里江姐一角为几代观众所熟知。银幕上，她还曾饰演过《革命家庭》里的母亲周莲，《龙须沟》里的程娘子，《林家铺子》里的张寡妇；生活中，她是第五代导演田壮壮的母亲，老戏骨李雪健的大姑。她的身上有很多耀眼的光环，"最美奋斗者"，新中国"22大影星"之一，金鸡奖终身成就奖获得者……然而，或许只有走近她，才会发现，她只是一位热爱电影事业的朴实无华的老人。

"我还是生活在过去的年代"

于蓝每次过安检的时候，金属检测仪都会响。她会略显尴尬地向安保人员解释，自己做过手术。

1971年，50岁的于蓝从屋顶上摔下来，不仅脸摔伤了，还落下了严重的腰伤；20世纪90年代，于蓝做了一次脊椎大手术，钉进去6—8个钛钢钉子；80岁高龄，她的膝盖骨被取出，以金属的人工关节替代，此后双腿一直站立不直。

2005年，在《艺术人生》栏目后台化妆间，谈到自己浑身上下做过的手术，于蓝老师笑着调侃道："我是钢铁做成的。"这句话让人联想到江姐的经典台词——"共产党员的意志是钢铁"。

她一生面对的病痛还远不止这些。20世纪60年代，于蓝做了子宫摘除手术；1978年，57岁的于蓝又被诊断出乳腺癌。当时她和武兆堤、丁一山三人准备将话剧《陈毅出山》改编成电影。武兆堤、丁一山得知她的病情，为她担忧，于蓝反过来安慰他们："有陈毅的保护，上天不会这早收走我呢！"在等待手术时，她把大部分时间都用在《陈毅出山》的筹备拍摄中。一个月后，医生分两次给于蓝做了乳房全切术。

她的手也是残缺的，右手无名指缺了一小截。60岁时，于蓝接下了创建儿童电影制片厂的重任。那一年寒冬，于蓝拉办公室的门把手开门，谁知门弓突然断了，门瞬间回弹，她只觉得手有些疼，右手无名指末端流了许多血。待反应过来，才发现无名指的一小截黏在了门把上。一旁的同事吓坏了，哭着帮她把手指包起来后送到医院。医生说再植的感染风险不小，而且术后必须休养二十多天。于蓝心想，此时刚建厂半年多，工作正是紧张的时候，哪有时间住院；而且自己又不是弹钢琴的，不接也罢。

她把断指用纱布包了包，扔进了废弃桶，只缝了几针后便回

于蓝饰演的江姐

去工作了。多年后她笑言，那时候扔了太可惜，应该把断指留下来做个纪念也好。

　　每每谈起这些伤病经历，于蓝平静得如同只患了场普通的感冒。

　　"和江姐遭受的酷刑相比，我这点事算不得什么。"她已经习惯将江姐作为自己人生的参照系。

　　前前后后做过9次大手术，病魔并没有在于蓝的脸上留下苦涩的痕迹，她看上去总是精神矍铄、神采奕奕，只是她的腰再不能挺直，行走也愈发迟缓。

　　比起身体上的疼痛，精神上的打击来得更为沉重。20世纪70

年代，于蓝的哥哥去世，紧接着爱人田方也患肝癌离世。"从此就剩下我一个人面对世界。""我这一生中最大的痛苦就是失去了他。"

4年后，她也被查出了癌症。

她没有反复咀嚼或沉溺于痛苦。长年密集的工作让于蓝一刻不停歇，演戏，筹拍电影，建儿影厂……她说："我愿意自己的生活是充实的，是永远有内容的，我永远是在追求一个什么东西，要达到一个什么目标。"

即便是80岁后正式退休，每日深居简出，她的生活依然过得充实。北京电视台曾跟拍于蓝老师的一天：早上6点半起床，楼道里锻炼身体；吃早点，看早间新闻；休息片刻，作画；吃午饭，午休；下午出去散步，晒太阳；回家练书法，看报纸，看新闻联播。田壮壮为她请了一个保姆，但力所能及的，她都坚持自己动手。她说："人要积极生活，要选择美好的，选择光明的，不能选择残废的。"

朴素的老房子里承载着她无数过往的美好回忆。在10平方米左右的小客厅里，朝阳的窗台上放着一个鲁迅的雕塑，墙上挂着一张她在《烈火中永生》中饰演江姐的剧照；还有周恩来总理接见她的照片，照片上周总理正指着她向别人介绍："她演了一个好妈妈！"周总理所说的"好妈妈"，是于蓝在银幕上塑造的另一个革命女性形象——电影《革命家庭》中的母亲周莲。

在临窗的书橱玻璃上，挂着丈夫田方生前的照片。房间里处处留有她与爱人田方的回忆。田方在电影《英雄儿女》中饰演王文清，当年延安文艺座谈会合影的时候，他就坐在毛主席旁边。于蓝和田方相守了三十余年。田壮壮曾经透露：父亲去世四十多年里，每逢父亲的生日忌日，母亲都会去扫墓，年年如此，没有例外。

不爱开车的田壮壮每逢周六，都会为母亲当一天司机，载着母亲去哥哥家一起过周末。含饴弄孙，拿出自己的书画作品让家人品鉴，这是于蓝"晚年感到最可心、最快乐的幸福时刻"。她说："我似乎忘记了自己的年龄，也好像淡漠了世间曾经带给我一切的悲苦和忧伤。"

她还保持着年轻时爱阅读的习惯，读的大多是历史与现实性较强的书籍，特别是与自己过去的经历有关而又有待了解的，她坚信好书能使演员开阔视野、丰富生活和内心。

虽然大半生都是从事电影相关的事业，但如今她却很少去电影院看电影，"现在的电影都是财产问题、爱情问题了，我不关心，要是以前战争题材的影片我自然就关心了。""我很奇怪，我还是生活在过去的年代里，比如在感情和爱好上。"

2009年，第二十七届中国电影金鸡奖颁奖现场，88岁满头华发的于蓝被授予"终身成就奖"。她被搀扶着上台，激动得一时语塞。末了她背诵了激励了一代人的保尔·柯察金的话作为获奖感言：

人最宝贵的东西是生命，生命属于人只有一次。一个人的一生应该是这样度过的：当他回首往事的时候，他不会因为虚度年华而悔恨，也不会因为碌碌无为而羞耻。

"忘记我，记住江姐"

1991年春天，于蓝来到江姐的老家四川自贡。江姐生前的住处已被烧毁，只剩下断壁残垣，带着烟火熏烤的黑色。她兜兜转转看了一圈，伸手触摸着那堵破败的墙，又朝着远处一层层嫩绿的梯田凝视了一会儿，一时间泪眼婆娑。

她对同行的挚友朱小鸥说："其实所有革命的伟绩、牺牲都是江姐做的，然而今天，人们把对江姐的爱给了我。我不能愧对大家，不能有任何一点玷污江姐的东西。"

1965年，电影《烈火中永生》上映，无数观众被江姐这一人物打动，他们纷纷给于蓝写信，向她表达敬意。于蓝至今记得20世纪末，她曾在江姐生前活跃过的重庆沙坪坝闹市中，站在联欢的舞台上重读江姐的誓言，台下观众感动得热泪盈眶。

因为角色形象实在深入人心，在几代观众心里，江姐几乎成了于蓝的代名词。于蓝认为这是属于角色的荣誉，自己不仅形象上不太像江姐，而且江姐如此崇高的思想境界她也无法企及："主要是烈士本身的事迹感动了人、教育了人。并不是我这个演员多了不起。"

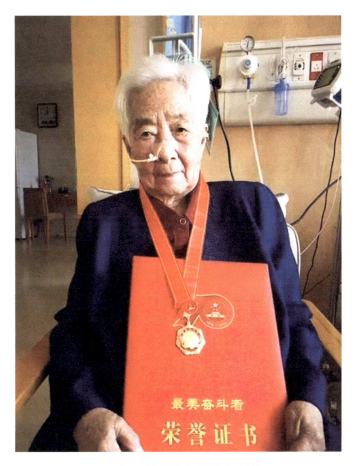

2019 年，于蓝被授予"最美奋斗者"

她一度不敢回头看这部片子，因为总觉得自己没演好。

尤其是影片中江姐与双枪老太婆见面的那场戏。当时江姐刚刚失去了心爱的丈夫，她强忍着内心的悲痛，不敢在年轻的革命同志面前哭，怕引起恐慌。夜里，她偷偷裹在被子里压着嗓子哭。双

一 于蓝 一 做一个纯粹的人 一个高尚的人

193

枪老太婆对江姐来说，就像母亲一样亲密。所以，当双枪老太婆劝慰江姐的时候，于蓝认为江姐应该把压抑已久的情感宣泄出来，这样的表演才更真实。于蓝当年并没有想到这里，那场戏她只是忍住眼泪，目光坚定地说："不应该含着眼泪闹革命。"

虽然有很多遗憾，但对于影片最后一场戏，于蓝很满意。当江姐被敌人从牢房里押出去时，她面色平静，心中充满光明和希望："同志们，永别啦……"随后和战友许云峰相互搀扶着走向刑场。

一位演员与自己塑造的某个银幕角色精神气质契合，并不新鲜；将自己的生命融入角色，时时以角色的标准和要求为人处世，却并不多见。毕竟大多数演员都在努力寻求突破，争取不停留、不受困于塑造过的任何一个角色，认为只有游刃有余地驾驭经历、性格、精神气质完全不同的人物形象，才称得上是一位了不起的演员。

北京大学艺术学院教授、中国电影史研究学者李道新，在接受《光明日报》采访时谈到自己童年的观影体验，记忆最深的一次就是40余年前在湖北农村看露天电影《烈火中永生》。从事电影研究后，他一直在思考为什么观众会把江姐当成于蓝，把于蓝当成江姐。他最终得出的结论是："角色因其创造者而变得生动美好，角色创造者也因角色本身而被赋予了特别的光华。事实上，于蓝自己也会不断地以江姐的言行和境界来要求自己。"

在《烈火中永生》筹备阶段，于蓝拖着怀孕的身子，与导演

《烈火中永生》剧照：江姐和战友许云峰相互搀扶着走向刑场

水华带领创作小组去了北戴河、重庆、成都、贵州等地，接触在那个时代里进行斗争、尚且幸存的共产党人，从中了解了很多翔实材料和感人事迹。归来后，于蓝和同伴记录整理出近20万字资料。于蓝视其为珍宝，一直藏在家中。

1971年从屋脊上坠落的那次事故，致使于蓝摔破了脸，嘴唇下缝了5针。恢复后虽然看不出伤痕，但面部神经受损严重，会有不自觉地抽搐。不能控制自己的表情，于蓝知道自己失去了做一个演员的资格。1974年拍摄完《侦察兵》后，她告别了心爱的演艺事业。

出演的电影总共不超过10部，没能塑造出更多的银幕形象，成了于蓝永远的遗憾。此后她将全部的精力投入了中国儿童电影事业。

2003年，阔别银幕20多年的于蓝出现在电影《二十五个孩子一个爹》中，饰演了一个戏份很少的小角色：妞妞奶奶。虽然戏不多，却催人泪下。于蓝接下这个角色，是因为这个电影的筹拍是一次慈善募捐行动。于蓝觉得自己还有用，不应该太爱惜自己。

她答应零片酬参演，杀青后剧组非塞给她2万块劳务。但于蓝没揣到家，把钱全捐给了吉林白山孤儿院。2005年，于蓝在《艺术人生》节目中回想起这件事，笑道："这是我这辈子拿到最多的钱，我从来没有拿过2万块。"

扑向生活

1999年的一个冬日，于蓝在早市上挑选猕猴桃，旁边一位老人认出了她，热情地凑上去帮她一起挑，还执意送她回家。这位影迷对于蓝的评价让她再次尝到创作的幸福："我最喜欢你的两部戏，一部是《龙须沟》，可以用一个'真'字来表达；另一部就是你演的江姐，可以用一个'魂'字来表达。"

于蓝在电影《龙须沟》中饰演泼辣的程娘子，在艺术表现上足以媲美江姐。只是这个角色的处境不仅与江姐相差甚远，距离于蓝的生活更为遥远。

当年10月演员们深入生活，次年4月才投入拍摄。为演好"程娘子"这个角色，于蓝怀着田壮壮，走得腿都肿了。她去过好多大杂院，结识了许多善良勤劳的劳动妇女。在天桥一带她观摩老百姓的生活状态，观察卖大饼的小媳妇们说话时的姿态，去德胜门"晓市"（早市）上，揣摩妇女数"票子"时的神态和挥鸡毛掸子的动作。

很长时间她都没能找到人物的感觉，直到碰见宿舍门房苏宝三的妻子苏嫂。于蓝记得当时自己的妹妹生病刚出院，苏嫂问起来，于蓝说虽然出院了，但以后还不知道怎么办是好。苏嫂听了，两眼圆睁，手一摆，大声地、以高出平时两倍的声音说："这您可不能不管，这不是要把人救活嘛！"

这就是她要找的"程娘子"，"她那有气魄、有胆量的劲头全出来了，透着对人真诚的关心"。

此后于蓝就和她工作在一起，生活在一块儿，经常串门谈心，了解苏嫂的身世、家事，留心观察她的神态、举止。比如苏嫂的动作颇有个性："她数说几件事时，经常一手在下，用手指数着，或一手在上，用手背拍点着手心。"于蓝会在日记中记下平日的观察，日后模仿，反复练习。

戏剧家焦菊隐对于蓝的扮演给予中肯的评价，他说："程娘子开始性格不够稳定，但对地痞流氓的斗争演得很好，于蓝扮演的程娘子的形象，在新中国成立后，表演得很到位、很丰满。"

如果没有走上演员的道路，于蓝或许会成为一名工程师。年少时想通过修桥筑路报效国家的于蓝，奔赴延安后，因为一口标准的普通话被拉去演戏，并被推荐到鲁艺。

本以为演戏只是玩，启蒙老师熊塞声给她上了一课："表演可不是玩儿，这是一个战场，你就是要死在舞台上。"

于蓝慢慢体会到，文艺能唤醒民众参加抗日，她从事的是一项神圣的事业。在自传中她描述那时的感受：

以前看电影的时候，我常常幻想着，假如世上能有一座穿着蓝布旗袍和学生装的电影厂，没有金钱、世俗的污染，那我就会投身于它，当时认为这是梦幻而已，但有一天我真的穿着布衣和草鞋走进了这艺术殿堂。

在延安生活的7个年头里，最让于蓝难忘的是1942年5月30日，那天毛主席来"鲁艺"给大家做报告。她印象中的毛主席身着普通制服、两膝打着补丁，语调是那样亲切平和："只在'小鲁艺'学习还不够，要到'大鲁艺'中去……'大鲁艺'就是工农兵群众的生活斗争，广大的劳动人民就是'大鲁艺'的老师……"

作为在延安文艺座谈会哺育下成长起来的一代演员，于蓝牢牢记住了扑向火热的生活这一艺术创作的铁律，并贯穿了于蓝日后的电影生涯。

千万不要忘记过去

2017年10月12日，在由田壮壮首次担纲主演的电影《相爱相

于蓝练功照

亲》的首映会，有粉丝送了田壮壮一束鲜花，田壮壮站在台上显得有些局促，他左右微微摇晃着身子，笑着说："我先把这花儿给我妈送去。"他像个孩子似的直奔台下96岁的母亲。

在一次媒体采访中，田壮壮为自己的人生至爱排序——母亲、儿子、电影。父亲去世得早，母亲对他的影响很深，他甚至说："我的内丹是什么？父母两位共产党员给的，就是绝对打不死，绝对不能低头，脊梁骨绝对不会软。"在《今日影评表演者言》节目中，田壮壮说自己每次拍戏离开北京一周以上，就会不停地给照顾母亲的保姆发信息，询问母亲的情况。

于蓝却始终觉得对儿子有亏欠。田壮壮很小的时候，她和田方常年在外拍戏，田新新、田壮壮两兄弟只能依靠姨妈来照顾。等到于蓝时间宽裕了，两人却都背上行囊插队去了。

临行前，于蓝到火车站送儿子。正与儿子挥手道别，看到他的同学陈凯歌递给壮壮一条烟，于蓝当时非常生气，也非常自责，她感到自己不再理解孩子了，他们受到社会的影响太多了。虽然儿子现在已经成为名人，但是在母亲眼里还是孩子，她还为他们童年时缺少的爱感到愧疚。

后来于蓝慢慢开始理解儿子："壮壮曾吃了不少苦，受过很多磨炼，也看过一些生活中不够理想的东西，所以对待生活多了许多反思。而我们这一代人特别坚守自己的信念，对生活没那么多怀疑成分。"

田壮壮说，如果自己是在从事了电影行业之后再寻找信念，那么于蓝就是拥有了坚定的信念之后从事了文艺。

这信念到底是什么？

　　人最重要的是不能丧失人生信念。这信念，就是对自己的民族和国家有义务感，肯付出努力，肯自我牺牲。而人生的最大幸福也就在其中。

——于蓝

于蓝一家合影

    于蓝的童年恰好是在中华民族最危难的时刻度过的。

    1931年，"九一八"事变爆发，于蓝只有10岁，她至今记得深夜里隆隆的炮声，以及第二天清晨大人们惊恐相告东三省即将沦亡的危急时刻。几日后，于蓝随继母逃往关内，到张家口去找父亲。火车上人挤人、人压人，一片混乱仓皇的逃亡景象。

    覆巢之下，安有完卵？尽管那时的她还不能十分理解亡国之忧，但她知道自己的家乡被敌人占领了，中国人在自己的土地上竟然流离失所。这深深灼伤了少年一颗敏感的心。

    14岁的于蓝站在了天津市学生罢课游行的队伍中。

    皮之不存，毛将焉附？在北平接受了新思想的于蓝越来越

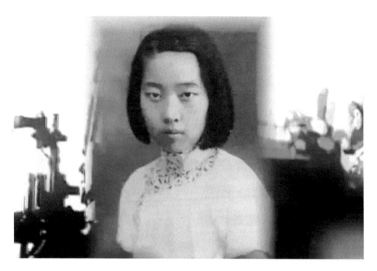

少女时代的于蓝

迷茫，她在《苦乐无边读人生》一书中写道："我怎么办？难道从流亡的学生变成真正的亡国奴吗？即使读书，毕业之后又干什么？给日本人做事？那不就是汉奸吗？难道不做事去结婚当太太？这绝对不行……"

于蓝觉得，参加革命，才是唯一的出路。

她瞒着家里人，和同学去平西找抗日游击队。刚出城门，她们就被日本侵略者抓到了宪兵队。于蓝穿的旗袍袖子里缝了跟党联系的介绍信，险些被搜出来。她们被抓到牢房里审讯，被皮鞭抽打。

"心里想着只有一死的结局了。"于蓝在自传里回忆当时的情景。所幸，家里人上下打点把她营救出来。后来于蓝在饰演江姐时常常回忆起这段往事："如果那时候没有同志们的营救，我一定也会像江姐一样毅然赴死，绝不做叛徒。"

在平西抗日根据地，于蓝第一次听说有个地方叫延安，革命在那里开展得如火如荼。

1939年2月17日晚，延河边的一个窑洞里，油灯闪闪，映着墙上那面鲜红的党旗，上方是马克思、恩格斯、列宁、斯大林的肖像，下方是毛笔写的入党誓言，18岁的于蓝庄严地举起右拳……

1981年，已是花甲之年的于蓝受命组建儿童电影制片厂，起初她对这项工作并无多大兴趣，建厂的困难也超出了她的想象："滴水成冰的严寒，简陋艰苦的工棚办公室，大难不死的病残之身……太难了，真的是太难了！挺不住的时候，我想着党交给的任务还没有完成……"

有人形象地描述她那一阵子的工作形象——"橡皮的脑袋，八哥的嘴，青蛙的肚子，兔子的腿"，形容她办事不怕碰钉子，能把人说得心动点头，能容纳千难万苦，恨不能一天跑八个单位办事，儿影厂在她的努力下建成了，还拍出了诸如《红象》《少年彭德怀》《哦，香雪》等优秀影片。

在建党八十周年之际，与党同龄的于蓝出版了自传《苦乐无边读人生》，卷首她写道：

　　回顾党的历程，这是多么丰富的岁月，多么光辉的岁月！

于蓝

我庆幸自己能在党的哺育下长大，又是在党的呵护下成人！我本是一个幼稚无知的孩子，一个迂腐不聪的党员。因为跟随党的队伍，经历了不寻常的历程才逐渐成为党的文艺战士。在这些历程中，尽管有不少的艰苦与酸涩，但我感到更多的是珍贵和自豪！

于蓝说，这段表白是从心底流出来的。98岁时，于蓝还撰写了《像江姐那样忠诚于党》一文。在自传《苦乐无边读人生》和《于蓝自述》中，她说之所以愿意披露自己的心路历程，是因为

"让自己的后人……理解到个人的命运和祖国的命运是多么紧紧相连"！"我们既不是英雄，也不是先锋，但那些过去的岁月里不寻常的足迹，完全可以看得到民族的苦难是怎样磨难着我们，我们又是怎样从磨难中奋争和觉醒……千万不要忘记过去！"

对于名与利，于蓝始终保持着老一辈艺术家朴素的平常心，她常说："你们也别叫我艺术家，更不要叫我大明星。我就是一个文艺工作者，干了一辈子的文艺工作。"

"我做出什么了不得的贡献吗？演员就是最占便宜。我们那么多人在摄制组里，起码有上百人，人家首先想到的就是江姐。你是不是就比别人贡献更大？一点也不是。别人的贡献并不见得比你小，只不过他担任的那个职务，如拿道具，观众看不到你。你不能那样去比，那样去衡量。"在《艺术人生》节目中，于蓝向青年作家七堇年分享自己的想法。

尝尽人生的苦和乐，她已然豁达又从容：每个人的人生都有痛苦和快乐。既然痛苦是客观存在的，那么我们就要勇敢面对，对于快乐则要更加珍惜。

秦怡

永不落幕的明星

撰稿 | 马戎戎
电视记者 | 石岩　李雪荣　高忠　张崝

　　"人民艺术家"，是98岁高龄的秦怡获得的最新荣誉。

　　2019年9月29日上午10时，中华人民共和国国家勋章和国家荣誉称号颁授仪式在人民大会堂隆重举行。作为中国电影界的唯一代表，女演员秦怡获颁"人民艺术家"国家荣誉称号奖章。

　　她坚持文艺为社会主义服务、以人民为中心的创作导向，主演了《铁道游击队》《青春之歌》《女篮五号》等30多部影片，塑造了多个脍炙人口的艺术形象，荣获"全国五一劳动奖章"、"全国优秀共产党员"等称号。

　　2019年9月18日上午，上海电影集团有限公司（以下简称上影集团）党委书记、董事长任仲伦一行，专程赶往华东医院，将喜讯告诉病床上的秦怡。老艺术家对获得这份前所未有的荣誉激动不已。

　　"那天我带着鲜花去报喜，老人家在病床上轻轻地说：'国

秦怡

家给这么高的荣誉，很激动，感受很多，很想流泪……'"9月29
日，代秦怡在北京参加颁奖仪式的上海电影家协会主席、上影集
团党委书记、董事长任仲伦这样告诉媒体记者。

"秦怡老师获得'人民艺术家'称号，大家都为她高兴，实
至名归啊！"任仲伦感叹，"她一生创作了很多优秀角色，其中
最成功的，是她严谨地塑造了自己的形象——一位德艺双馨的艺
术家。"

在银幕上展现最美的中国女性

1922年1月31日，秦怡出生在上海南市老城厢的一个封建大家

秦怡获得"国家荣誉称号证书"

2019年9月29日上午，秦怡在病房中收看颁授仪式

年轻时的秦怡

庭，祖先是"上海城隍老爷"秦裕伯。当时秦府已经家道中落，秦怡一出生即遭大伯、父母遗弃，所幸当日是正月初四迎财神，在大姐的哀求下，才被抱回家中而免遭噩运。

1937年，抗日战争全面爆发。1938年，16岁的秦怡离家奔赴抗战前线。到码头那一刻，跳板已经撤掉，船正在离岸。她不管不顾，紧跑几步，纵身一跃。

"这一瞬间，像极了电影的定格镜头，具有丰富的象征意味。不仅把一个弄堂女孩的生活抛在身后，也开启了一段漫长而斑斓的艺术人生。"上海戏剧学院教授石川这样描绘。

离开上海后，秦怡来到重庆，进入"中国电影制片厂"，成为一名实习演员。在此期间，她出演过话剧《中国万岁》《正

重庆影剧舞台上的"四大名旦"　　　电影《遥远的爱》海报
　　　　　　　　　　　　　　　　　　中的秦怡

在想》和电影《保家乡》《好丈夫》。1941年秦怡离开中国电影
制片厂，进入中华剧艺社，成为该社演员。在长时间的话剧舞台
实践中，秦怡的演技不断进步，在话剧《草木皆兵》《离离草》
《桃花扇》《戏剧春秋》《结婚进行曲》等中都有出色的表演，
成为当时最受欢迎的演员之一。当时与白杨、舒绣文、张瑞芳一
起被称为抗战大后方重庆影剧舞台上的"四大名旦"。

　　1945年抗战胜利后，秦怡回到上海。阔别8年,家境凄惨。父
亲和大姐已经身故，二姐重病,全家只靠十几岁的小妹妹当小学
教师所得的微薄薪金来维持半饥不饱的生活。为了养家糊口，秦怡
从话剧舞台走上了大银幕。这段时间里,她参加拍摄的影片有《忠
义之家》《无名氏》《遥远的爱》《母亲》等。在陈鲤庭编导的
《遥远的爱》中，她作为女主角，完美演绎了一名从毫无主见、
出身低微的女佣成长为独立自主的新兴女性的角色，这部电影也

成为她的成名作。

1949年，中华人民共和国成立，秦怡和上海市民一同走上街头，打起腰鼓，欢庆上海的新生，秦怡自己也迎来了电影事业的黄金期。

1956年，秦怡在电影《马兰花开》中塑造了性格坚毅的铲运机工人马兰，在抗日题材电影《铁道游击队》中饰演了芳林嫂，并因这两个角色红遍全国。其中"芳林嫂"这一角色，令人印象深刻，当老一辈人唱起"弹起我心爱的土琵琶，唱起那动人的歌谣"时，眼前依然会闪过秦怡的身影。

之后，秦怡又拍摄了《林则徐》《女篮五号》《青春之歌》《雷雨》等一系列红遍大江南北的影片，成为当时最受欢迎的女演员之一。

1962年，在周恩来总理的倡议下，国家文化部发布文件通告，将北影厂的崔嵬、谢添、陈强、张平、于蓝、于洋、谢芳、上影厂的赵丹、白杨、张瑞芳、上官云珠、秦怡、王丹凤、孙道临、祝希娟；长影厂的李亚林、张圆、庞学勤、金迪，八一厂的田华、王心刚、王晓棠22个人定名为"新中国优秀电影演员"，俗称"22大电影明星"。

回顾秦怡的银幕形象，《铁道游击队》中与敌人周旋的芳林嫂、《林则徐》中抗击侵略者的女英雄阿宽嫂、《青春之歌》中慷慨就义的女英雄林红、《女篮五号》中的篮球手林洁……秦怡塑造的银幕形象，虽然身份不同、经历不同、境遇不同，但在秦怡的演绎下，她们都有着美丽、坚韧、善良的特质。她们巾帼不让须眉，以自己的努力，为中华民族的解放而奋斗，为建设一个更美好的中国而奋斗。

更难得的是，虽然早早成名，秦怡却一直秉持着谦虚、朴实、低调的美德。

老导演谢晋生前曾这样回忆当年拍摄《女篮五号》时的情景："我们当时还是年轻人，秦怡已经是大明星了。但是她没有一点架子，和我们一起睡大通铺，一起同吃同住。"

"秦娘美"

已故戏剧家吴祖光先生，曾经为秦怡写过一篇人物小记——《秦娘美》。他这样评价秦怡："她具有中国妇女的传统美德，身处逆境而从不灰心丧志，能够以极大的韧性接近苦难，克服困难，而永远表现为从容不迫。"

这句评价可谓恰如其分。在流光溢彩的银幕生涯背后，秦怡的个人生活屡遭坎坷，痛苦多于快乐，眼泪多于欢笑，委屈多于喜悦。

秦怡的丈夫是曾有"电影皇帝"之称的著名演员金焰。二人育有一子金捷。

1962年，金焰做完胃部手术后一病不起，这一病就是二十多年。秦怡不得不更加频繁地外出拍戏挣钱，承担起丈夫治病和养

秦怡一家人

秦怡床头与金焰的结婚照

秦怡捐款后向灾区人民传达勇气　　　电影《青海湖畔》海报

育孩子的花销。

　　1965年，秦怡和金焰的儿子金捷刚满16岁，却被诊断患有精神分裂症。不久后，秦怡又被查出肠癌，只好立即住院做手术。

　　很长一段时间里，秦怡一边要努力拍戏养家，一边要同时照顾丈夫和儿子。1983年，秦怡在拍摄电影《雷雨》期间，金焰和儿子再次住进医院。

　　1983年底，金焰病危，秦怡在病床前守了他31个小时，已经说不出话的金焰只是盯着她流泪，秦怡上前替他擦拭，金焰用手摸了摸秦怡的手指。最终，他还是走了。

　　他们结婚37年，但分居了30年。然而，一直到住进华东医院，秦怡的床头，始终摆放着她和金焰的结婚照。照片上，两个美丽的年轻人望着镜头，满足地微笑着。

2007年，秦怡85岁时，她59岁的儿子金捷去世。从儿子16岁生病到59岁去世，秦怡整整照顾了他43年。儿子生活几乎不能自理，但秦怡不忍心把他送去精神病院，金捷平日的洗澡、理发、刮脸都是秦怡亲力亲为。冬天，她为儿子织毛衣；夏天，她为儿子擦身。每次出远门拍戏，她三天两头与儿子通电话，只有听见儿子叫她"姆妈"才肯放心。儿子发病时，会对她拳打脚踢，她只能蜷缩着挨打，劝他"不要打妈妈的脸，妈妈明天还要拍戏"。

金捷过世后，秦怡一度以泪洗面。但她很快收拾心情，把对家人的爱，转化为对社会的大爱。汶川地震，她先后捐款20余万元；玉树受灾，她又掏出3万元，并参加了"祈福玉树、情满浦江"大型慈善拍卖等公益活动。北京奥运会火炬接力上海传递活动收火仪式现场，她在为四川灾区捐款后伸出右臂，向灾区人民传达勇气的情景，成为当时最感人的一幕。

据了解，秦怡个人的慈善捐款超过60万元，而这对于屡遭家庭变故，长期照护儿子的秦怡来说并不是一笔小数目，而她对此却始终低调。2004年，秦怡荣获上海市慈善基金会"慈善之星"称号。

2012年，她还曾友情出演影片《三个未婚妈妈》，关爱缺少母亲的孩子，呼吁社会关注弱势群体。

电影《妖猫传》中的秦怡

电影是她唱不尽的歌

2014年，秦怡92岁时，她自筹、自编、自演了电影《青海湖畔》，讲述一代气象工作者在青藏铁路建设中无私奉献的感人故事。秦怡亲赴青藏高原，每天往返6小时车程进行拍摄。她并不觉得辛苦，反而笑称自己是"90后"，有很多新东西需要赶紧学。

《青海湖畔》在国家广播电视总局、上海市文化广播影视管理局（现上海文化和旅游局）和上影集团主办的"我的电影党课"优秀国产影片展映中广获好评。对待表演事业，秦怡永远充满着激情，她说："无论是痛苦还是欢乐，我总要以满腔激情去拥抱事业，这是一支我永远唱不尽的歌。"

为祖国的铁路梦奋斗的女科学家，是秦怡继阿宽嫂、林红、林洁、芳林嫂之后，塑造的又一名光彩照人的女性形象。如果将这些女性形象串联起来，正是中华民族从近代以来实现伟大复兴之梦的一条银幕线索。

95岁高龄时，秦怡还参演了陈凯歌导演的《妖猫传》，饰演一名历经唐王朝兴衰的"白头宫女"。秦怡的戏份不多，只拍了3天。但是在这3天中，秦怡每天都坚持人在现场，认真准备、学习。

秦怡说："我演电影几十年了，每一次拍电影时，我都会想这个人物我能不能演好。这次演白发嬷嬷虽然戏少，3天就拍完了。但是在这3天里，每天我不断地看。看了以后，我觉得自己应该努力，不一定演得好，但要去努力。"

牛犇正在宣读入党志愿书

2018年，牛犇被批准加入中国共产党，秦怡是他的入党介绍人。

秦怡认为，"作为演员，终身追求的理想，应该是把自己从文艺中得到的一切感人的精神力量，再通过自己的表演给予别人"，努力使自己的作品"有一些精神可以得到弘扬，给人心灵启迪"。

秦怡坚信，一名党员对于自己奋斗一生的事业有着万死不辞的信仰。在她心中，干文艺不是"为谋生"，而是"为理想"，这种理想需要内在强大的精神力量，而力量的源头就在观众。

上影集团党委副书记、副总裁马伟根曾这样评价秦怡："她作为一个大艺术家，对自己的家庭，对自己都没什么要求，她心里想着的都是别人。"

正如为秦怡颁发上海文学艺术奖终身成就奖时的颁奖词所说："秦怡始终活跃在大时代的洪流中，她以母亲的博爱、女性的温情，在银幕和舞台上，鲜活、生动、饱满地塑造着当代中国女性朝气蓬勃的时代形象，开掘着中国女性丰盈善良美好的内心世界。来自生活的浓烈气息和对人物情感细腻真实的体验，灌注在每个人物身上，为现实主义表演提供了最新鲜的范例。她像疾风中绽放的玫瑰，以岁月无法改变的不老的美丽风采，感动着每一个中国人。"

秦怡

李谷一

有她的春晚才完整

撰稿 ｜ 李端

电视记者 ｜ 杨晓宁　梁霄　邓荣　吕侯健　李冬　江宇

1983年2月12日（农历壬戌年十二月三十日）晚20:00，中央电视台第一届春节联欢晚会开始直播，李谷一现场演唱了9首歌曲，其中两首对唱，至今无人超越。每年的大年三十晚上，中国人阖家团圆看春晚仍旧是一个景观。《难忘今宵》是为春晚特意创作的固定曲目，李谷一用艺术生命保留了36年的春晚记忆。

《乡恋》

"第一次上春晚歌是唱得很多，唱到汗流浃背，在那个现场我觉得很热闹，很温馨、很随意、很开心。"李谷一在晚会开始的第一个节目独唱《拜年歌》，又演唱了《春之歌》《年轻的朋友来相会》《知音》等。

李谷一至今仍保留着她上第一届春晚时穿的那套服装：黑色

的确良料子的衣服，胸前两条白色竖肩带与上衣完美撞色，领子中间别着一朵红色小扣花，这是当年最时髦的款式。

"这个扣花那时候买得很便宜，才5块钱，非常漂亮，很时尚、很简单。"时隔35年后，2018年在央视中文国际频道《中国文艺·向经典致敬》节目中，李谷一再次穿上了这件衣服演唱《乡恋》。当熟悉的旋律响起，李谷一热泪盈眶，观众感慨万千。

"你的身影，你的歌声，永远印在我的心中。昨天虽已消逝，分别难相逢，怎能忘记你的一片深情。……我的情爱，我的美梦，永远留在你的怀中。明天就要来临，却难得和你相逢，只有风儿，送去我的一片深情。"《乡恋》在首届春晚唱响，导演和监制在当时都做出了大胆的抉择。

晚会开始不久，四部观众点播电话一开通，李谷一上台演出，观众就打进来电话点播《乡恋》。负责电话记录的工作人员就端着一个盘子走进了导演间，盘子里堆满了点播条，都是观众通过四部热线电话打进来的。

黄一鹤随手打开，几乎全都是在点播李谷一的《乡恋》。一开场就碰到了这个"雷区"让黄一鹤措手不及。可没过多久，小女孩又端来一满盘子，黄一鹤一看，还是点《乡恋》的。

《乡恋》作为电视风光片《三峡传说》的插曲，由马靖华填词，张丕基谱曲、编曲，其运用气声唱法，不同于民族和美声，与当时红透大江南北的邓丽君的歌曲如出一辙，但它却是出自大陆音乐人的创作。

刚刚开放的中国社会，大众的神经极其敏感，求新求异求变，马上就喜欢上了这首歌。但是在后续的三年时间里，《乡恋》因为意识形态的问题引发争议。

无法做出抉择的黄一鹤，让工作人员把盛放点播条的盘子送到坐在观众席边上的吴冷西桌上。一连递了四五盘后，黄一鹤看到，吴冷西有点坐不住了，在过道里来回踱步，还掏出手帕擦了擦汗。

终于，他走进导演间，沉默良久，猛地一跺脚，操着南方口音对黄一鹤说："黄一鹤，播！"

1983年春晚，对于中国文艺界和李谷一都意义非凡。中国文艺创作百花齐放，显示出前所未有的活力和激情，成为20世纪80年代影响深远的独特风景。对李谷一的评价，也由被批判者转为"文艺改革的先锋"。

李谷一说："中央电视台1983年肯定了以后，就知道了我们创作的方向，不再是完全沿用过去那种僵硬的、保守的、一成不变的创作手段。只要是真善美的，不管是抒情的、高强响应的，都可以表现出来。"

《难忘今宵》

1984年春晚，有许多"第一次"的节目，如邀请了许多港台明星，包括那首唱响全中国的《我的中国心》，《难忘今宵》的

年轻时的李谷一

旋律也是第一次响起。

　　《难忘今宵》这首歌曲是应总导演黄一鹤的要求，作家乔羽和作曲家王酩联合创作，表达良宵聚会，特邀李谷一来唱。

　　这首歌一反以往创作的常态，很抒情，很安静，很温馨。这首曲子在当时也是一种突破、一种改革。

　　词语简单，曲调悠扬，总导演黄一鹤非常喜爱，它几乎道出了春晚组织者们的全部意愿：在中国传统节日春节的前夜，大年三十晚上，经历风霜和劳作之苦的人们，终于得享清闲和欢聚的一刻，此时，献上一台春晚节目共赏。

有她的春晚才完整

当然，盛筵终有散，告别时唯有真挚的祝福，期盼来年再聚。这首歌余味无穷，它表达出对国家、民族和对故交、新知的共同美好祝愿，至简而不失包容，雍容大气。

当时导演组内部也有质疑的声音：放在这么一个热闹的场合，人们概念中本是锣鼓喧天，却这么平静抒情地降下帷幕，观众能接受吗？合适吗？

黄一鹤征求了李谷一的意见，决定先录制出来看看效果。两天后，李谷一被告知，这首歌选用了。

从1984年至今，《难忘今宵》已经在春晚舞台上唱了23次，2001年作为春晚最后一首歌曲，被固定下来。2012年龙年春晚总导演哈文曾试图在片尾曲上进行创新，以一首由廖昌永和王莉演唱的《天下一家》结束，然而并没有取得预期的效果。

三十余载伴春晚

从1983年开始，春晚已经走过36年。春晚由原来单独编排播出的一台综艺晚会，到现在已经成为包括晚会直播、新闻直播、综艺直播、选秀节目在内的每年最隆重的电视晚会。

李谷一说："灯服道效，从服装来讲，一年比一年漂亮，一年比一年好。高科技全都用上了，晚会就是越办越好，越办越大。我们的作品和人才也更多了，节目内容也比过去丰富多彩。在这里看到了国家的一个变化，看到国家的富强，国家的

20 世纪 60 年代，李谷一成为一名花鼓戏演员

繁荣。"

　　李谷一见证了春晚的发展，但和观众第一时间看到的光鲜亮丽的春晚不同，在除夕夜里，她大都是在后台候场，所以她对春晚最深刻的印象是"忙碌"和"紧张"："现场就是很紧张，就看着舞蹈演员穿过来穿过去抢衣服换装，真是这样的。很累很辛苦，就像煮饺子一样全都翻滚着，急急忙忙抢妆候场，每个人都紧绷着这根筋。我是老演员，但也怕在台上出差错，万一走得不

1964 年，李谷一在花鼓戏电影《补锅》中饰演兰英妹子

好摔一跤呢。"

　　春晚的万众瞩目也给了导演组和演员巨大的压力。有人曾问李谷一："你们《难忘今宵》还彩排吗？"李谷一说："彩排呀，每年五到六次。"因为春晚需要有连贯性，"从第一个节目看到最后一个节目，才能确定这个节目行不行。"

　　现在看到春晚后台忙忙碌碌的人群，李谷一有时会想起自己参加的前两届春晚："1983年、1984年，春晚组织起来比现在要容易得多。1983年，我们把节目报到编导组，基本没彩排，就去直接直播了。现场叫我们唱就唱了，观众打电话进来想听什么就唱什么，很随意，即兴的东西很多。"

　　李谷一觉得对于春晚，大家其实可以看得平淡一点："毕

20 世纪 70 年代，李谷一与乐团一起排练

竟是一台晚会，想搞得尽善尽美，每个人都满意的话，我觉得很难。"

　　"现在的春晚给编导组、演员的负担都太重了，从过完年就要准备第二年的节目。全国各地去选节目，选来选去就是想把春晚的节目搞得更好一点。可有时候怎么说，太过于重视反而适得其反。

　　"我觉得还是不要把春晚这个节目捧到神坛上，还是要接地气，更接近群众的需要，更平易近人一点。就是一台晚会，别搞得太吓人了，编导组自己吓自己，生怕演完群众不满意，演员也生怕自己表演不好，又怕在节目里出什么问题。

　　"所以都是谨小慎微地在搞这台晚会，因为心态没有下来，就不平和，严肃多了一点，轻松活泼少了一点，即便是欢天喜地的，还是太凝重了。"

再回头看1983年的春晚，或许连李谷一自己都没有想到，她会成为春晚舞台上一个不可超越的传奇。她说当时的自己比较平静，因为时间紧张，甚至差点错过这届春晚。

20世纪80年代的明星，每个人都有各自的固定单位，要找明星演员上春晚，必须先联系他们的单位，单位领导同意后再通知本人，什么时候到什么地方表演。

当时李谷一所在的中央乐团原本不同意让她上春晚，因为1983年大年初一，团里安排了一场在深圳剧院的大型表演。李谷一作为招牌演员必须出场，并且是面向港澳地区售票，门票早已售空。

那时深圳还只是作为一个对外的窗口，基础设施刚起步，没有高速公路，没有机场，去深圳必须过两条河和边防安检，一天之内赶到几乎不可能。如果让李谷一到北京参加春晚表演，很难保证不耽误第二天在深圳的演出。

但是，李谷一是当时全国最火的歌星，春晚策划组怎么也得想办法让她出现在春晚现场。于是，台里的一部长途电话成了春晚策划组杨勇的专线，他与中央乐团的领导开了两天的电话会议，但始终没有谈妥。

最后还是通过公安部协调出一个方案，初一一大早央视用专车送李谷一到首都机场，赶上午8点多的飞机飞往广州白云机场，广东公安厅派专车接到人后，一路免检过边防到深圳的表演场

1974年，李谷一随中央乐团演出

地，确保当天晚上的表演。

听了这个方案，中央乐团同意了，李谷一才最终出现在1983年春晚的现场。

说起当时的情形，李谷一至今记忆犹新。

"早上三四点钟我们才从老广播电视台那边赶回家里，大清早我忘了带开门的钥匙，寻思女儿在剧组休息的地方看电视等着我，结果她也没带钥匙。

"我就自己敲铁栅栏，把铁栅栏打开，我个子小正好可以钻进去，把家里门开了，才进去收拾行李，到机场赶上午的飞机。

"那一届把我急得，那边已经开演了，剩下可能都不到一个小时，我就赶紧化妆，急急忙忙地在台上演出了。"

李谷一 —— 有她的春晚才完整

2018 年，李谷一与新生代歌手霍尊一起合作演唱《一念花开》

　　因为要唱《难忘今宵》，李谷一几乎没有在家吃过团圆饭，到家里都已经是凌晨一点多了。作为一个文艺工作者，她对此早已做好心理准备。"我们从年轻时候就开始从事文艺工作，从来没想过逢年过节在家里过，所以家里人都习惯了，知道逢年过节不出去演出在家里待着才很奇怪。"

　　李谷一说，每年春晚结束后，导演组都会派车送她回家。在这条回家的路上，她也见证了这些年春节气氛的变化："过去是放鞭炮，后来是能看到烟花。但是这些年烟花看得也少了，回来的路上比较冷清，大家都在家里团圆。"

　　近年来，李谷一不断与年轻歌手合作推出新作，并且将她的歌唱技巧和方法传授给她的学生们。她鼓励年轻的歌手不断创新和探索，她希望年轻的音乐人能创作出一首超越《难忘今宵》的歌曲，叫《今宵难忘》。

李谷一说："春晚对我来说，就是时间的符号，也是我岁月的符号，因为你的艺术之路、你的生命之路，就随着春节联欢晚会这么走过来了，从第一届开始一直到现在，它就是你生命记忆的一部分。"

李雪健

好人一生平安

撰稿 | 潘婷
电视记者 | 张崝

> 我们的国旗为什么是红的？那是我们的父辈先烈用鲜血染
> 成的。改革开放给我们带来了好日子，但是我们还要往前走。
> 我这个年龄就是得了他们的好处走过来的，不会忘，要歌颂。
>
> ——李雪健

2018年4月，在第八届北京国际电影节颁奖典礼上，出现了这样的一幕，演员胡军为最佳男主角奖开奖前，隆重介绍了该奖项的颁奖嘉宾——李雪健："他是一个可以拿角色和观众交朋友的人，为了得到尊重，为了尊严，他选择走上演员的这条路。这一走，就是几十年。这个人是我的榜样，他也称得上是所有演员的榜样。"

话音未落，众人自发起立鼓掌，掌声雷动。众人的掌声是为他始终如一尊重角色、用生命精湛演绎而响起。

在这个时代，能称得上"老戏骨"的人不多，李雪健是排在最前面的那个。无论是《渴望》中的好人宋大成、电影《焦裕禄》中的焦裕禄、《水浒传》中的宋江，还是《嘿！老头》中的刘二铁，每个角色都令人印象深刻。

作为改革开放的见证者，李雪健40多年来一直从事着他所热爱的表演事业，用角色诠释出一个个经典人物，每一个角色都没有脱离生活，而高于生活，给人留下深刻的印象。

《渴望》"好人"宋大成

李雪健的故事，要从百废待兴的1977年讲起。

当时的李雪健，还是二炮话剧团业余文艺宣传队的一名小战士，来到北京打算报考空政话剧团。

"那时候'四人帮'粉碎以后，全国文艺大复兴。部队的、地方的，很多文艺团体恢复招人。我、濮存昕、王学圻……王学圻来的时候就是干部，四个兜的，我和小濮是学员班，王学圻是演员班。训练的风气非常好，有一两天不练，你再过来就跟不上。"

学员班结束后的1978年，李雪健从学员班顺利毕业，成为一名专业演员。这一年，正值改革开放元年，时代需要各方面的人才。

1980年，李雪健参与拍摄了八一电影制片厂的《天山行》，

话剧团时期，李雪健表演山东快书

在部队高标准、严要求、守纪律的环境中，李雪健（左一）磨炼成了一名
职业演员

那是他第一次在大银幕上出现。

1987年，李雪健从待了十年的空政文工团转业，出演了第五代导演田壮壮的《鼓书艺人》。在当代部队题材电影中初显身手

的李雪健，又一头扎进历史，演绎起民国艺人颠沛流离的命运。

电影《鼓书艺人》根据老舍先生的同名小说改编，讲述了北京鼓书艺人方宝庆带领全家逃难到重庆的悲惨遭际。李雪健饰演方宝庆，在剧中还与一位"老戏骨"朱旭飙戏。

鲜为人知的是，在《鼓书艺人》的演出中他找到了自己的爱人，也是田壮壮的表妹，两人此后还合作过《蓝风筝》《吴清源》《相爱相亲》等电影。

1990年，由鲁晓威、赵宝刚执导的家庭伦理剧《渴望》轰动全国，感动无数观众。播出时万人空巷，各路媒体纷纷报道，同名歌曲人人会唱，创下了那个年代的收视高峰，成为中国电视剧发展史上里程碑式的经典，并引发了一场关于真善美的大讨论。

主人公的命运不仅成为街头巷尾人人热议的话题，也是20世纪90年代老百姓的情感寄托和向往。举国皆哀刘慧芳，举国皆骂王沪生，万众皆叹宋大成，成为当时沸腾的文化现象。李雪健在《渴望》中饰演老好人宋大成。

李雪健说："《渴望》那里头的人物是和我一辈的，宋大成的很多事我是很熟悉的，经历过，因为生活在一个时代。"

忍辱负重、含辛茹苦的刘慧芳，默默守护的宋大成，《渴望》里的两个男女主角完美诠释了20世纪90年代大众的"好人"标准，也让李雪健红遍了大江南北。很长一段时间，人们心目中"刘慧芳"是善良贤惠的代名词，"宋大成"则是老实厚道的男人的象征，一个时代的"暖男"形象。

李雪健说："最吸引人的地方在于这是咱们国家头一部长篇室内剧。这是第一次，外景很少很少。再一个呢，推荐我演的是导演鲁晓威的父亲，老导演鲁威，他是我的贵人、恩人，让我有机会走向全国。"

电视剧《渴望》创下的收视巅峰和社会热议程度成为一个时代的神话。它开创性地以写实的视角直面那个年代，讲述了年轻人复杂的爱情经历，揭示了人们对爱情、亲情、友情及美好生活的渴望。

如果说演员塑造的人物能够对本人进行反哺，那么，李雪健自此把塑造真实可感的经典人物，当作此生演艺生涯的追求。

一夜之间成了社会渴望的"好人"宋大成，李雪健对此却有着清醒的分析："随着改革开放，人们的生活水平在一步一步地提高，也开始住进了大高楼。恰恰这个室内剧符合了人们当时对家庭、对人与人之间关系和情感的一种探讨。真情、真善美不能丢。归纳起来，《渴望》给了大家四个字，叫'呼唤真情'。"

共产党人焦裕禄

中国的清官形象在传统戏剧中长盛不衰，李雪健电影版的《焦裕禄》塑造了大众心中至今难以磨灭的一个艺术形象。由于李雪健刻画的焦裕禄如此生动传神，乃至人们已经把焦裕禄的形象牢牢地定格成了李雪健的模样，就像当年的宋大成一样。

李雪健说："他是我们这一辈人的父亲的代表，我出生在山东菏泽巨野县田庄公社，十几年生活的地方离兰考不远，就生活在那儿。六几年黄河故道，逃荒要饭，盐碱地，不长庄稼。

"我经历过那样的生活，树皮、树叶都吃光了，没吃的，有些老人连土都吃。有一点点干粮都给孩子们留着，人浮肿的呀，饿死的（很多）。那时候还不懂，演的时候就有点懂了。

"不容易，咱们的国家，咱们民族走到今天，真是不容易。'珍惜'这两个字的内容，包含的太多了。"

艺术的再现来自生活的底蕴，更来自对时代和人物的深刻理解。

1966年2月7日，时任新华社副社长的穆青和记者冯健、周原合作采写的《县委书记的榜样——焦裕禄》随着中央人民广播电台的电波、一份份报纸传遍大江南北。焦裕禄为人民鞠躬尽瘁的共产党员形象，鲜活地矗立在天地之间，铭刻在人民群众的心中。

李雪健说："穆青老师的文章还没出现之前，在我们那一带，就有些故事在流传。我演焦裕禄是在1990年，时隔他去世已经30多年了，我们国家已经有了一些发展变化了，改革开放也进入了关键时期。如果没有那辈人他们的付出和奉献，哪有我们的今天？"

50多年来，焦裕禄的故事被一代代文艺创作者以不同的形式反复改编，焦裕禄精神也成为我们党和国家宝贵的精神财富。而在电影《焦裕禄》上映的1990年，却有着一个鲜为人知的故事。

1987 年，李雪健在电影《鼓书艺人》中饰演鼓书艺人

1990 年，李雪健在电影《焦裕禄》中饰演焦裕禄

"就说我们拍完了要给全国党员看，那可了不得呀，我是1975年入党。焦裕禄是父辈楷模，是共产党员的楷模。1990年中国电影《焦裕禄》投资130万元，票房1亿3000万元。

"刚刚开始组织看，没过几天，就不用组织了。有一些干部来的时候坐车来看，看完电影走的时候说不坐车了，走回去了。

"演员是一种职业，也是一种责任。不管时代怎样发展，人民对我们党这样好的精神传统、好的党员，是拥护、是爱戴、是需要的。一句话，《焦裕禄》真正体现了共产党的宗旨，就是全心全意为人民服务。"

　　因为这部电影，李雪健获得了第11届中国电影金鸡奖最佳男主角奖和百花奖最佳男演员奖。领奖的时候，他说了这样一句话："苦和累都让一个大好人焦裕禄受了，名和利都让一个傻小子李雪健得了。"

　　李雪健更加明确了自己作为一个演员的创作方向，此后30多年里，他塑造出了更多脍炙人口的人物。

战胜癌症

　　1999年，李雪健45岁，在电影《横空出世》中扮演一位为研制中国第一颗原子弹而隐姓埋名的开国将军冯石，这是他在银幕上第二次扮演新中国的将军形象。

　　电影《横空出世》填补了当时中国故事片题材领域的一个空白，讴歌了高科技国防工业的伟大功绩。影片不是着力于描述研制原子弹的过程，而是表现了为此辛勤付出的人们。

　　作为一部主旋律影片，《横空出世》不再是主题先行、观念图解，而是写出了科学家和战士们的伟大贡献，这种闪耀在人性光辉基础上的主旋律为此片赢得了好的口碑（豆瓣评分高达

8.8分）。

2000年底，李雪健在拍摄中被确诊患上鼻咽癌，所有人都不愿相信这个消息。李雪健得了癌症的消息也在社会上传开了，人们都在揣摩是不是角色塑造给他的压力太大，他活得太辛苦。有一次田壮壮打来电话，李雪健哭得说不出话来。

后来田壮壮写了封信给他，信里说："我们都知道你很痛苦，这是我们健康人理解不了的痛苦。可是你是个男人，没有精气神儿哪行啊？我们还等着和你合作再演几部好戏，你也能再创造几个好的人物给观众们，你必须要有精气神儿。没有过不去的坎儿……"

这是李雪健永远也忘不了一封信。

令人们感到惊讶的是，仅仅一年多的时间，李雪健就战胜了病魔，重新出现在银幕上。此后，他紧随时代的步伐，创造了更多佳作。

感动中国

2011年，一生清廉履职的好书记杨善洲当选"感动中国十大人物之一"。这位曾任云南保山地委书记的干部，退休后主动放弃进省城安享晚年的机会，扎根大亮山义务植树造林，带领人们建成面积5.6万亩、价值3亿元的林场，并无偿捐赠给国家。

同年，杨善洲的事迹被搬上银幕，由李雪健主演。但比起演焦裕禄，李雪健的感觉大不一样。

"正好是建党90周年，我们这一代遇到大的活动，或者大的节日，总是要想做点什么。所以我又找了很多资料，找完了以后，我也有困惑：我相信这个年代有好的党员，但是像杨善洲好到这份上，我还真在脑子里有个问号。

"4月份我就奔去云南保山了，我穿上他的衣服、带上他的帽子、化上妆，大广场人山人海，就给我们鼓掌。原来，杨善洲在老百姓心中是有位置的。我为曾经有一个问号脸红。"

与诞生于20世纪90年代的电影《焦裕禄》不同，主旋律题材电影《杨善洲》上映于2011年。21世纪是互联网的时代，主旋律题材电影在大银幕上很难吸引观众，但李雪健却做到了。

李雪健所饰演的杨善洲打破了时下主旋律人物的"脸谱化""同质化"，凭着贴近真实的表演，李雪健在第19届北京大学生电影节上当选为最佳男演员。

李雪健说："有些朋友还不了解他，共产党也有职业病啊，共产党的职业病就是'自找苦吃'，习主席还对这四个字点赞了。"

2016年，李雪健参与了由开国少将甘祖昌和妻子真实事迹创作的电影《老阿姨》。电影讲述了开国将军甘祖昌与龚全珍相濡以沫三十载的动人故事。

1950年，龚全珍参军奔赴新疆，担任新疆八一小学教师。经组织介绍和开国将军甘祖昌（李雪健饰）结婚。后随夫来到江西当起了农民，相濡以沫，生死与共。甘祖昌去世后，龚全珍传承精神，带领子女勤俭节约，艰苦奋斗，帮助贫困家庭和失学儿童。2013年，龚全珍被评为全国道德模范。

甘祖昌将军打完仗，留下了一毛病，所以他寻找了一个他还能有价值、能做贡献的地方。他的爱人龚全珍写在回忆录里，她说甘祖昌给她们全家留下了一个传家宝，就是一生老老实实、勤勤恳恳，这是革命传统的精神。

2018年12月8日，电影《老阿姨》获得第17届中国电影华表奖最佳故事片奖。李雪健也凭借此片再次获得第24届北京大学生电影节最佳男演员提名，年轻一代对李雪健的演技同样充满尊敬和肯定。

李雪健已经65岁了，在这个本该安享晚年的年纪依然兢兢业业，不断为人民群众创作出更多鲜活的角色。

嘿！老头

2015年，由李雪健、黄磊、宋佳主演的电视剧《嘿！老头》获得第30届中国电视剧飞天奖现实题材优秀电视剧大奖。拍摄这部电视剧时，李雪健60岁。

《嘿！老头》聚焦现代都市，李雪健在剧中饰演一位失忆、孤独、患上阿尔茨海默病的父亲刘二铁。他的表演带给人的不是固有概念中的"痴呆老人"，而是一位时而呆萌、时而深情、时而调皮、时而任性的"呆萌老头"，展现了令人赞叹的演技。

刘二铁由于患病，神经末梢不受控制，手抖得怎么都喝不上酒。长达两三分钟的表演，一气呵成，未加剪辑，被赞誉是"教科书式的演技"。还有一段刘二铁和镜中的自己对话的表演，围绕着"我是谁"，把一个又糊涂又老实的胡同里的老人演绎得既真实又让人心痛，时代记忆以一种幽默的风格倾泻而出，尽现话剧舞台锤炼出的"老戏骨"本色。

和李雪健搭戏的黄磊，也把他当作榜样："如果有一天，当我老了，要是能成为雪健老师那样的演员，真的是挺幸福的。"

从1978年改革开放成为专业演员，一直到今天，李雪健在40多年的时间里获得了39座奖杯。然而，他更在乎的是作为文艺工作者，一名电影人的使命。

习近平总书记写给内蒙古乌兰牧骑队员们的回信中说：要创作"接地气，传得开，留得下"的作品。简简单单九个字，李雪健用自己的演艺生涯诠释了这句话。

伴随着改革开放起步，时代给了他自由驰骋的舞台。40多年来，李雪健凭借着精湛的演技，让人们记住了他所扮演的优秀党员、清廉干部、开国将军及普普通通的中国好人等形象。他用这些角色为这个改革开放的时代做了注脚。无论任何时候，这些正直、无私、奉献者才是社会安宁和持续发展的真正动力。

谢晋

用电影书写时代

撰稿 | 潘婷　满建锋　纪萱萱
电视记者 | 张崝
视频 | 石川
资料 | 上海电影（集团）有限公司

> 作家、艺术家如果缺乏社会责任感和历史使命感，缺乏一种真诚和勇气，那只能是出一些平庸之作。

——谢晋

"金杯、银杯，不如观众的口碑。"谢晋是一位有人道主义力量，会讲中国故事的大导演。

2008年10月18日，谢晋逝世于故乡，享年85岁，一个多月以前，他的长子谢衍（同样也是一名有才华的电影导演）也患病去世。他说过，要像黑泽明一样倒在片场上，在生命的终点，他仍在筹备新片拍摄。

这位从28岁开始执导的中国"第三代"导演经历坎坷，却痴迷电影，留下了许多精彩的现实主义经典。他拍摄的《天云山传奇》（1980）、《牧马人》（1982）和《芙蓉镇》（1986）分别改编自鲁彦周、张贤亮和古华的小说，反映了小人物在大时代里的遭际，在改革开放前后的历史转折点上表达了大众的心声，对真善美的信念。

影片的主人公遭遇磨难及不公正对待，仍然怀着一颗赤子之心，热爱劳动，热爱生活的土地，充满着生的希望。谢晋说，他拍摄这些电影就是为了让人们不再犯过去的错误。

作为中国"第三代"导演的领军人物，谢晋善于挖掘演员，朱时茂、丛珊、牛犇、祝希娟、王馥荔、刘晓庆、姜文、张光北……被他发现的好演员数不胜数。

2018年6月，在第21届上海国际电影节上，担任金爵奖评委会主席的导演姜文特别向谢晋致敬。他称谢晋导演"是为电影而生"。

在庆祝改革开放40周年大会上，全国100名杰出人物被授予"改革先锋"称号，谢晋是唯一一个获此殊荣的中国导演。他被评价为："助推思想解放、拨乱反正的电影艺术家。"

一地扶手，为看《芙蓉镇》

1985年，23岁的姜文在拍摄《末代皇后》期间收到了来自谢晋的一封亲笔信。信中谢晋写道："我想请你来演《芙蓉镇》里的秦书田，所以想叫你来试戏，我不是不相信你的演技，是因为你太年轻。"

看过信后的姜文非常感动，当时的谢晋已是赫赫有名的导演，而他只不过是一位刚入行的演员，试戏理所应当。

谢晋导演所流露出的对人的平等、自由和爱的尊重是一种自然的流露，他在生活中就是这样一个人。

姜文说："他有一点非常令人难忘和可爱，他不欺负小孩。他对我们这批刚刚拍电影的人都非常尊重，永远带着欣赏的眼光看待你，而且不断地纵容你去做非分的东西。

"我记得当时让我们读《芙蓉镇》的剧本，我提了很多意见。有一次谢晋导演就发脾气了，说提意见谁不会，有本事改了，能够改得比他还好，光提意见不算数。

"我们就真的回去每一个人觉得哪不好然后找出更好的办法。我把这样的方式也用在我后来拍片子的时候。

"和谢晋的合作，不仅让自己在电影行业迅速地站稳了脚跟，更重要的是学到了前辈们对艺术那种心无旁骛的执着劲儿。"

因此，姜文十分感慨："没有谢晋，也就没有我后来做导演的勇气。"

提起谢晋的作品，许多人首先想到的就是《芙蓉镇》。1986年，作为谢晋"反思三部曲"的压轴之作，《芙蓉镇》被搬上了银幕。

影片《芙蓉镇》根据第一届茅盾文学奖得主古华的同名长篇小说改编，通过几个小人物在时代风雨中的悲欢离合，塑造出普

年轻时的谢晋

通百姓的坚韧与顽强。谢晋在导演阐述中着重突出了"内涵"两个字，希望影片完成后，既有教育作用、娱乐作用，又有美育作用、反思警示作用。

"他说过一句话，什么叫好的电影剧本？它一定是能够打动观众的，充满人性的。"在《芙蓉镇》里饰演"满庚哥"的张光北回忆说。

谢晋没有将浩大的时代背景用场景加以营造，而是以朴实逼真的生活事件对接严谨的影像结构，从而将政治运动的诡谲、世事人心的叵测表现得惊心动魄。这部作品以亲历者的反思姿态直面历史，思想的锐度更加锋利。

电影的最后，谢晋用谷燕山酒醉后"完了，没完，完了，没完"的责问、王疯子远去时满嘴的"运动了、运动了"来提醒我们：故事结束了，生活还在继续，但对苦难的根源需要保持警觉。

张光北在《芙蓉镇》中饰演刘晓庆的"满庚哥"，而现实中张光北比刘晓庆小。

"我们当弟弟的就很自觉，说给晓庆姐盛碗饭什么的，谢晋绝对不让盛。"因为谢晋要求大家戏里戏外保持自觉、统一，他告诉张光北，你是"满庚哥"，得妹妹给哥哥盛饭，你怎么能盛呢？

就这样，谢晋指导的演员们在生活中也逐渐建立起相应的人物关系。演员的表演变成一种下意识的生活，而不仅仅是"演"。与谢晋导演的合作对演员来说是上一堂大师课。

张光北说："今天我想起谢导这些东西都是特别有用的，特别重要。我和晓庆两人去湘西永顺县王村镇，就是现在叫"芙蓉镇"的山村里体验生活。晓庆天天跟当地卖米豆腐的在一起，我天天跟着村长、支部书记在村办公室办公。我们还没拍戏呢，衣服全给我们穿上了，全是农村的衣服。我在银幕当中呈现的衣服什么样，生活当中全穿那个，到上海也这么穿。如果他看你生活当中穿别的衣服，谢导就跟你急了。"

谢晋导演是最会营造气氛的导演，张光北对一场戏印象深刻："比如，《芙蓉镇》有一场特别惆怅痛苦的戏，他一定让现场特安静，他不理你。就说调光，准备好了就坐那儿吧，安静了，预备。半天不喊开始，然后小声说开始，此时此刻你觉得摄像棚掉根针都能听见。"

这时候，谢晋哑着嗓子学刘晓庆的声音，叫了一声"满庚哥"。张光北一下子觉得入戏了，心口一涌、一暖、一揪心："最后呈现出来就是大家看到的，这就是谢晋。"

《芙蓉镇》是中国影坛经典的现实主义作品之一。

石川（上海电影家协会副主席）回忆说："《芙蓉镇》1986年演的时候，开始还卖票，结果礼堂门口人山人海，所有的人都涌进去了。进去以后，两个人的座就坐四个人，结果坐不下怎么办，就在那儿摇，最后把中间的扶手给掰掉了。那一场放完以后，一地的扶手，都掰掉了。你可以想象那个年代看电影有多疯狂，这个就是《芙蓉镇》。"

悲而不伤，赤子情怀

在《芙蓉镇》之前，谢晋已经拍摄了同为"反思三部曲"的《天云山传奇》和《牧马人》，这两部片子充满了浪漫的赤子情怀，表现了在大时代里小人物的生存状态。

石川说："谢晋有一句话，就是艺术家要对社会问题发言，《牧马人》这部片子最典型地反映了他这句话。"

影片中，当原先在美国的父亲突然出现在生活里，曾经饱受磨难的主人公许灵均有过动摇，但最终还是留了下来。"子不嫌母丑，狗不嫌家贫；曾经饱受磨难，但不改赤子之心。"这正是谢晋想说的那句话。

饶曙光（中国电影家协会秘书长）说："无论是《天云山传奇》《牧马人》，还是《芙蓉镇》，他对时代都有所呼应，都有所表达，都能够与当时观众的情感息息相通。"

在《牧马人》中，谢晋突出了人与人之间、人与自然之间的真挚情感，集中表现牧马人许灵均与苦命女子李秀芝的动人爱情。其中，丛珊饰演的李秀芝聪慧勤劳、平实质朴，把日子过得有声有色。

石川回忆："丛珊这个人呢，眼睛特别有意思。她跟一般学表演的女孩不一样，学表演的女孩一般都会落落大方，都会很坦然地面对一切，但是丛珊的眼神里永远都有一种害怕，有一种羞涩的那种眼神。她看人是斜挑着看人，有点害羞。"

影片上映后，全国人民争相去看《牧马人》，掀起了一次又一次观者如潮的景象，成为20世纪80年代的人的集体记忆。

谢晋导演的名字一度代表着电影的魅力。朱时茂（《牧马人》演员）说："这个电影一放，大家也都认识我了。有一次，我去中山纪念堂开一个会，当时有一些大学生就来签字，我们签不过来啊，就一直在跑。对我们的这种热爱，实际上就是对《牧马人》这部电影的肯定。当时只要说是谢晋导演拍的，这部电影一定会出名。"

事实上，对现实的关注，对真挚情感的描摹始终贯穿于谢晋的每一部影片。1979年的《啊！摇篮》是改革开放后谢晋执导的

谢晋接受采访

第一部影片。《啊！摇篮》剧本原名为《马背摇篮》，片名的这一改动，某种程度上正体现了谢晋的创作意图。前者带有强烈的抒情意味，后者只是一般的平实叙事。

原来的两位编剧想做成一部惊险片，上有飞机，下有炸弹，前有洪水，后有追兵……但谢晋明确表示："我不拍战争片，我要表现的是人的感情。"他要让中国电影回归到人上。

石川说："其实那个剧本叫《马背摇篮》，是那些在延安保育院长大的孩子长大后自己写的剧本。剧本拿到上海电影制片厂的时候，应该说是不合格的。你看，谢晋这个人他就很神，就这么一个剧本，他就给改成了魅力四射的《啊！摇篮》的故事。

"他把整个故事重心从那批孩子身上转移到女性的身上，看她是怎么重新在自己身上发现母爱，发现女性的特质。谢晋的伟大之处在于他非常善于抓住那个时代的思潮。

　　"这个片子在当时之所以引起这么大的轰动，是因为当时刚刚提出人道主义复归的问题：人的情感、人的价值、人的尊严。"

　　谢晋曾在美国做演讲时说："美国每年拍的几百部电影中，如果有一半像《音乐之声》《魂断蓝桥》《居里夫人》或《北非谍影》，也许，我说也许，'9·11'事件就不会发生。"他希望自己的作品能留下美好的东西，让观众永远记得。

　　他说："中国的观众喜欢我的电影是因为他们能懂。我希望经由我的电影、我的电影里美好的东西，给予他们一些希望。"

　　"反思三部曲"的第一部《天云山传奇》也同样是一部带给人们希望的影片。该片讲述了1957年知识分子罗群患难，未婚妻宋薇离他而去，而宋薇的同学冯晴岚在危难时刻与他组成家庭共渡难关的故事。

　　谢晋在对历史进行反思的同时把历史带来的创伤化解，而使人从悲剧里产生新的力量。

　　尹鸿（中国文艺评论家协会副主席）说："在谢晋的电影当中，当你用人的方式去爱护别人的时候，他就会给你带来精神上巨大的感动。他用人性的方式去照亮那个历史环境当中受到迫害的那些人。他在反思历史的同时，也给了大家一种期盼、一种光明。"

塑造令人难忘的女性

一部引人入胜的电影离不开女性形象的成功塑造。从《哑妻》到《红色娘子军》《女篮5号》《舞台姐妹》，再到"反思三部曲"，谢晋始终关注着女性的选择和命运。

"反思三部曲"当中的女性心理展现得更为细腻，从一种人物典范转型到人物个性心理，使"她"获得了更为恒久的生命力。女性不仅给予了男性温暖的家、母亲的爱，也像大地一样包容一切、谅解一切，给予他们再次成长的机会。

在影片《天云山传奇》中，冯晴岚被塑造成一位忠贞、善良、高尚的完美女性形象，集合了母亲、家和大地三种意象。当她顶着风雪用板车将重病的罗群拉到自己的宿舍并举办了5块钱的婚礼，完成了对罗群身体的拯救。她对知识分子、共产党员罗群抱有坚定的信心，这是超越了男女之爱的两个人在信仰上的连接。她辅助共产党员罗群完成了一系列有关社会建设发展的文章，又完成了对罗群精神的拯救。影片的最后，罗群得到平反，她重病去世，完成了生命的最终升华。她的精神特质在此与罗群融为一体，伴随着对方开始新的生活。这三种精神特质集中在冯晴岚一人身上，确实有着极其震撼的艺术魅力。

如果冯晴岚身上展现的是女人的那种坚贞、柔韧的力量，那么在《牧马人》中的李秀芝则是一位聪慧善良，勤俭持家的女人。她做事不惜力，做什么都很笃定，因为她心里有爱，有以劳

谢晋与姜文聊作品

动为本的信念，虽然是个逃荒女，但她有了自己的家，她的心里是安稳的。

她喂养着鸡、鸭、兔子和鸽子，被称为"海陆空司令"。这一人物也体现出谢晋在女性形象塑造方面的典型特征：善良包容的女性为遭遇劫难的男性主人公提供温暖的港湾，庇护他度过艰难的岁月。

许灵均是"被富人抛弃的儿子"，在20世纪50年代开朗的集体主义气氛中长大，又被戴上了"资产阶级右派"的帽子下放到敕勒川的偏远农场，却收获了来自普通牧民的关怀，意外地"捡"到了这个逃荒来的女人，并且有了完整温馨的家和孩子，最重要的是，他得到了"平反"，在精神上重新获得生活在这个国家、这片土地上的一个人的尊严。当他还纠结于是否跟父亲去美国的时候，李秀芝却已经断定他不会离开这个家。可以说，谢晋把人性中最美好的部分放在了女性的身上，并让她自然地成为这片土地的化身。

但谢晋对女性形象的塑造并不止于此，《天云山传奇》中的三位女性在道德评价体系中担任了不同的角色：冯晴岚是阶级立场错误、道德观念正确的女性；宋薇是阶级立场正确、道德观念错误的女性；周瑜贞是站在新历史语境下的是非善恶的道德评判者。

戏里完成了对宋薇的拯救，戏外实现了对观众的安抚，影片通过赋予三位女性不同的命运传达了谢晋的道德评价标准。

王馥荔说："因为当时找我的戏都是顺着《金光大道》包括《绿海天涯》的路线，都是这种温柔贤惠，大家很喜欢的角色。谢晋说你猜猜我让你演什么角色？我说是不是冯晴岚啊？他说错了，我要你演的就是宋薇。我当时真没有思想准备。宋薇是一个使人同情但是又很可悲的人，这个人物对女性甚至对咱们老百姓是有一定启迪性的。以往的电影里头很少出现这类女性的形象，是一个很难演的角色。"

《天云山传奇》公映后，在社会上引起的反响之强烈，是谢晋本人都不曾预料到的。几万封观众来信，其中甚至有血书、有万言信。中国电影和中国人民这种血脉相连的联系，在全世界恐怕都是罕见的。

王馥荔说："《天云山传奇》是我收到观众来信最多的一部电影。有一件事情让我感觉最温暖的、让我都流泪的，就是一个海军战士给我的一封信。他的父母亲跟宋薇和罗群有着相似的经历，他不理解他的母亲，从此他不认他的母亲。

"看了这部电影以后，他说我知道了，在那个历史背景当中，我母亲有我母亲的苦。他说后来他就认了妈妈，现在他妈妈非常幸福，因为他叫了她妈妈。

"我看了信以后我也很感动，作为母亲来说，作为一个演员塑造了一个角色，能起到这些作用，是意想不到的。"

在首届中国电影金鸡奖的评选中，《天云山传奇》获得了最佳影片奖和最佳导演奖等殊荣。谢晋在电影《天云山传奇》导演阐述中说："我喜欢影片能拨动人们的心弦，引发人们的思索。"

发掘新人，言传身教

与谢晋初次合作而"一片"成名的演员很多：陈冲、丛珊、盖克、朱时茂、姜文、濮存昕……他们都称谢晋是"镜头前的魔术师"。

1986年，上海电影制片厂准备拍摄影片《芙蓉镇》，导演谢晋因一直找不到适合出演男主角"秦癫子"的演员而四处奔波。在看到当时才23岁、只演过一部电影的姜文后，便一眼看中了

谢晋与刘晓庆

他。与谢晋的合作不仅成就了当年的姜文，更对他今后的事业影响至深。

1998年，谢晋在准备拍《最后的贵族》时，就想到了濮存昕。于是，鼎鼎大名的谢晋专程从上海跑到北京，把剧本亲手交给濮存昕，定下他出演《最后的贵族》里面的角色。随着影片的轰动，濮存昕开始逐渐为大众所知。

石川说："所以他有个外号，叫作'榨干机、榨汁机'。他就是能把一个演员或者一个创作人员的创作潜能充分调动出来。"

谢晋指导演员拍戏时，特别强调三个字：下意识。在拍摄

《牧马人》时，谢晋给牛犇布置任务，让他教丛珊养鸡、打土坯，教朱时茂赶马、骑马。

丛珊本身是知识分子家庭出身，没有干过重活，但是她在大西北踏踏实实打了半个月土坯，来饰演一个农村女孩，并在影片公映后获得了观众的认可。

朱时茂说："谢晋导演曾经说过，我们表演就像一个人捧着一掌水，我们十个手指头缝都散开，一点点都散开，水就没了，这个戏就没法看了。我们不让水漏，我们都捧住它，这个戏都在这里头，大家看起来就过瘾。"

电影《天云山传奇》中有这样一幕：风雪弥漫的旷野，冯晴岚拉着身患重病的罗群，迎着风雪在坎坷不平的道路上艰难地走着，这一幕让无数人为之心酸落泪。

这一场戏是谢晋坚持去东北实地拍摄的，拍摄时正赶上春节以后的大雪。谢晋曾骄傲地说："这场戏当时在电影院放的时候，这么多年来不掉眼泪的观众，我没碰到过。"

谢晋对人的关怀不仅体现在作品之中，也同样体现在工作之中。拍摄《天云山传奇》期间，演员王馥荔的孩子才两岁多，感冒后转成了肺炎。谢晋得知此事后，找人悄悄地到南京去把孩子接到了片场。

时隔多年，王馥荔依然清晰地记得那个晚上："晚上十一二点了，大家都收工回家了。但是谢导首先跑到三楼招待所看我的儿子，我特别感动。他对人很细腻，不会用言语表达，但是他的

谢晋在拍摄

所作所为让我感觉很温暖。"

　　导演贾樟柯说："谢导是现实主义大师，我觉得他对每个中国电影人的影响都很深远，无论艺术上还是人格上。谢导的电影，尤其是20世纪80年代的力作，让中国电影从当时的'神化'回归为'人化'。"

　　上海电影制片厂厂长任仲伦说："谢晋导演的作品有三个特点：第一是始终呼唤改革、呼唤反思；第二是反映人民、表现现实、呼唤真善美；第三是具有创新精神，大胆启用新人。"

　　导演于本正说："这些东西深刻地体现出这个导演的人文精神和他对待社会的关注，可以上升到他对待这个民族未来的关注。"

有人说，谢晋的电影是为时代代言的产物，但在今天看来，谢晋的作品实际上反映的是特定时代人民群众的心声和呼唤。他的电影既是国家民族的一段记忆，也是一个个独立的人的史诗和长歌。

张艺谋

"家国天下"的叙事

撰稿 ｜ 桂姝蕾
电视记者 ｜ 魏迪　曹岩　温创

> 改革开放对我的影响是终生的，因为从跨进校门到今天，
> 自己是伴随着这40年过来的。每一次我们回头看自己的成长经
> 历时，其实都会看到，是时代给了我们所有的一切。
>
> ——张艺谋

张艺谋今年69岁，作为电影导演，各种曲解从未离开过他，
但他不太在意外界的声音："我喜欢做事，喜欢就不抱怨，哪怕
做出来不被人理解，那我也不解释。"

他是伴随着改革开放时代背景下成长起来的中国"第五代"
导演，他的作品一直跟中国人民族性中的某些沉重的、执拗的、
充满原始生命力的精神碰撞在一起。他的每一部作品几乎都与时
代的脉搏相应和，也从未放弃对人性深处的探索，从《黄土地》
到2008年北京奥运会开幕式，张艺谋在不同的时空里，以不同的

形式，用自己的方式讲述"家国天下"。

也许是出生在十三朝古都的缘故，他的内心与传统文化有着无法割舍的情感，然而，他不但不是一个"老古董"，甚至是可以大谈科技的"潮人"。他喜欢传统也热爱创新，热衷于探索镜头表达的边界。

1978，我知道它能改变我的命运

与张艺谋早期的作品留给人们的印象不同，张艺谋并非农民出身，而是出生在西安的一个知识分子家庭。他的爷爷是燕京大学的毕业生，父亲张秉钧毕业于黄埔军校，母亲张孝友是一位医生。1968年，"文革"还没有结束，他因为家庭原因而被称作"黑五类"，初中毕业后到陕西乾县的农村插队三年，那是特殊年代里大多数年轻人的命运。这段经历对他影响至深，使他对中国的历史和乡土有了直观纵深的理解，对百姓的理解更为深刻，也更接地气。

1971年，21岁的青春年华，他进入陕西咸阳棉纺八厂纺织车间做辅助工，三班倒的工作单调又乏味，为了打发无聊的时光，张艺谋开始学习照相。

张艺谋说："那时没有学徒期，先是半年拿一份低工资，大概十几块钱，半年后工资涨到40块零2毛，这个数字已经是辅助工级别的最高级了。后来，我拿了攒的工资买了一台价值188块钱的

'海鸥'牌相机。"

1978年，对张艺谋而言，意义非凡。28岁的张艺谋刚好赶上了恢复高考，历经周折，被北京电影学院摄影系破格录取，一个爱好摄影的工人由此开始追寻他的电影梦。

"我知道它能改变我的命运。"尽管对电影一无所知，但对张艺谋来说，1978年是他最后的机会："之前我生活在西安，还曾插过三年队，完全对北京一无所知。开学典礼上，北京电影学院放了两部内部参考片《翠堤春晓》和《方托马斯》，上天入地的很热闹，比基尼什么的，一下给我看晕了。"

回忆起当时的情景，他说："那个年代完全没看过这种电影，除了八个样板戏和那些革命电影，没看过这种外国的电影。回到宿舍后就跟北京的几个同学聊，发现他们都看过，简直如数家珍。我就在旁边听着，眼睛睁得老大，一下子觉得落课落多了，差太远了。"

在社会上摸爬滚打之后重新回到了校园，专业知识背景匮乏，张艺谋的这些看似不利的个人境况却刚好是那个百废俱兴的时代的写照。

改革开放初期，年轻人求知的欲望非常强烈，几乎人人都有一种探索世界、探索自我、改变命运的渴望："不仅电影有什么就看什么，在美术展览和摄影展览现场，都是人挤人，就跟挤地铁一样。""四五层人，一个作品就这么大，就那样站着看一两个小时，一身汗就那么挤出来。在我大学二、三年级的时候，就有了做导演的念头。"

当时学校请很多老摄影师来给他们讲课，老师说："你们现在别觉得自己牛，等毕业之后分到电影厂，得从推轨道开始，先做三助理，然后做二助理、大助理、副摄影、掌机，最后再做摄影师，基本上得有个10年到15年吧，多年的媳妇才能熬成婆。"

张艺谋听完就很焦虑，想着自己毕业了就32岁了，要等15年后再掌机，那就太晚了。于是他就决定跟导演系的人一块混："我就从这块起步，不尴尬，自学导演。"

张艺谋用热情和勤奋来弥补差距，做着各方面的储备。"我找过凯歌、吴子牛、白宏这几位，让他们推荐一些书增长知识。这几位同学开了一些大书单，像凯歌就推荐了20多本书，我去学校一一借了过来，从导演的基础知识开始苦读，自己念、自己学、记笔记，笨鸟先飞。

"记得那时受益最深的一本译文书叫《电影剪辑技巧》，很厚，上边画了好多图，什么跳轴啊之类的，真的是第一次知道。所以我从大三开始在底下看导演方面的书，为了避免尴尬，假装自己是导演系的学生，做了很多笔记，班里没人知道。"

他非常珍视自己的学习机会，北京电影学院图书馆的借书卡显示，他是借书最多的学生；在大学二年级下学期他已经完成了22门功课，是学校最勤奋的学生。

1982年毕业后，他去了广西电影制片厂，户籍也落在南宁。时代为他，也为一批身处困境中的年轻人带来了新的机遇。

此后，他一连担任了三部电影的摄影师，分别是《一个和八个》《黄土地》《大阅兵》，这三部电影都引起了全社会的广泛关注，他作为摄影师功不可没。1984年，他在吴天明指导的电影《老井》中饰演男主角，以质朴无华的演技凸显在公众视野。这些刚一毕业就取得的令人炫目的创作成就只是他走向导演之路的一系列准备。

起于"黄金时代"

"第五代"狭义上指的是1978年入学，1982年毕业的这一波电影人。他们深受20世纪80年代文学思潮的影响，作品大都以寻根和乡土题材为主。在反思热潮的氛围中，第五代导演的作品逐渐成长起来，并始终带有那个时代强烈的烙印。

"那时我们这一批年轻人被称为'第五代'，当时听起来像传奇一样，像神话一样。"张艺谋说。

"感于先而后工于形"，社会阅历的沉淀使得他们有着强烈的主体意识，对改革开放后极短时间内大量涌入的西方哲学、美学思潮极度敏锐，经过学院的系统性专业学习，迸发出前所未有的创作激情。张艺谋与陈凯歌、田壮壮等，成为第五代导演中的佼佼者。

他参与摄影的"第五代"电影开山之作是《一个和八个》，取材于郭小川的同名长诗，由张军钊执导。他从一开始就被不加拘束的创作理念所影响，大胆使用了自己所理解的镜头语言，用不同的颜色、不同的摄影角度将历史文化与现实结合，试图寻求个体的生命价值。

张艺谋说："如果说第五代导演是一个时代坐标的话，也有一定道理，因为时代造就了第五代导演。不是第五代导演有多伟大，我们是改革开放所造就出的一批人，一个现象。40年前的那一天改变了我，使我到今天都不敢倦怠，这也是一种动力。"

随后，他更是凭借陈凯歌导演的《黄土地》拿到了当年的金鸡奖最佳摄影奖。

张艺谋说："整个20世纪80年代，所有第五代导演的作品里，头一两部都深受当年的文学和美术思潮的影响。虽然故事不一样，但是出发点和思考的东西是一样的，就是对民族、历史、文化的反思。"

1987年，张艺谋首次与后来的中国首位诺贝尔文学奖获得者莫言合作，将莫言的小说改编为同名电影《红高粱》，用浓烈、铺陈的红色，塑造出人物奔放不羁的性情和个性化的特点，第一次把中国人长期压抑而需要释放的情感表达出来。在某种程度上，红高粱已经成为中国人性格中的坚韧而自由的象征。

彼时，深夜的大街上，都会传来电影中的插曲"妹妹你大胆地往前走，往前走，莫回头……"这发自肺腑、来自民间，来自大地深处的歌声以酒神精神酣畅淋漓地表达了出来。

这部处女作也像一团炽热的火焰，点燃了柏林电影节这块从未被国人开垦过的"高粱地","谋女郎"巩俐也由此诞生。

此后，他更是拍出《菊豆》《大红灯笼高高挂》《秋菊打官司》等现实主义题材电影。张艺谋凭借这三部作品，开启了中国第五代导演的"黄金时代"。

商业大片时代

1993年出台了《关于当前深化电影行业机制改革的若干意见》，开始把电影推向市场。2003年以后，电影完全市场化。张艺谋的创作是和时代的风气紧密相连的，他开始尝试和市场结合的商业片。

他拍《英雄》时，正面临中国电影产业发展的一个拐点。

张艺谋曾说，中国电影是弱势的，这不可回避。我们只有拍出与好莱坞一样的电影，并在电影里放入中国传统文化的信息，才能让外国人更了解中国。

张艺谋说："当时只想拍一个武侠片，因为我个人还挺喜欢的，所以套了一个荆轲刺秦的故事一直在写剧本。写了好几年，突然《卧虎藏龙》就来了，横空出世，一鸣惊人，大获全胜。当时想放弃，不然好像跟风一样很没面子，但写了好几年了又不忍放弃，就说还是拍吧。拍的时候江志强问我，要不要张曼玉、梁朝伟和李连杰，我挺惊讶，说可能吗？他说可能，现在外头卖得好，也给了充足的预算，找来了几个大明星，然后整部电影就变成一个大片了。"

李安《卧虎藏龙》奇迹般的成功，让力图转型的张艺谋将目光投向了古装武侠电影；同样作为第五代导演的陈凯歌，也将其商业片的突破口定位在具有东方特色的武侠片上。他们相继推出了《英雄》《十面埋伏》《无极》等一系列商业大片，从而拉开了中国商业大片的序幕。

如果说《英雄》是中国电影在与世界电影接轨时探出的触角，有争议尚能理解；那么随后出现的《十面埋伏》《无极》，在技术上、感官上极度追求好莱坞效果，叙事性较弱，从而招致的舆论批评，算得上是过犹不及所导致的恶果。

对此，张艺谋说："妥协和坚持，边妥协，边坚持。"

好莱坞当时有想法要拍个有关怪兽的故事，在长城上打怪兽。剧本写好后，换了好几次导演，后来找到张艺谋，说要找一个中国导演来导一部英文电影。

拿到剧本后，张艺谋跟他们讨论说能不能把剧本微调一下，因为中国在电影制作产业这块不能全盘向好莱坞学习，完全照搬，那会是个灾难。

他觉得这是一件大事，尝试做一个入门级产品，将简化的中国元素裹挟在爆米花电影中传播；尝试与好莱坞的"重工业"部门合作，体验一个完整的工业体系的工作流程；甚至，为中国导演蹚路。

张艺谋说："拿《长城》这部电影来说，用三年多的时间，接触好莱坞的体制、运营，就有了更深刻的体会，会知道哪些事情能做，哪些事情无能为力，体会一次，就有了见识。如果大家觉得做得不够好，那我也得认，对吧？"

他心中的好电影一定要具备三个要素：一是好剧本，因为得到一个心目中的好剧本真难，有时候面壁十年都破不了壁；二是对的人，即找对的演员和工作人员；三是导演需要做好自己所有的决定。

"三件事全做对了很难，一生中能碰上一次已经是很幸运了。因为它真的不是靠运气、努力、虔诚就能得到的，所以拍电影永远是一个学习的过程，你要一直学习。"张艺谋说。

步履不停

> 其实没有人是天才，只不过时代给了你这个机遇、这个可能性。所有人都是时代的产物。
>
> ——张艺谋

30多年来，他步履不停地探索表达和形式的边界。他的创作领域横跨电影、奥运会开幕式、歌舞剧、晚会、京剧、宣传片、音乐作品等。

张艺谋在纪录片《张艺谋的2008》里说："人生可以拍好多部电影，但是一生可能只有一次奥运会。"

每当有需要传递中国形象的大型演出时，大家总会第一时间想到他。他总会用自己的方式告诉世界，用文化呈现的中国是何等的气派。

张艺谋说："我也不是有什么特别大的抱负，而是想使我的作品有自己的样子，有自己的特点，所以在创作中，慢慢地我体会到了我的根，我的民族和中国的文化。

"我是谁？我是中国人，我是中国文化哺育出来的一个电影工作者。"

在经典与超越之间，张艺谋以一种从不止步于此的姿态，持续地创作着。

他以近两年一部作品的创作速度，不断地为华语电影及舞台输出饱含诚意与激情的作品。

2013年，他根据严歌苓的小说《陆犯焉识》改编执导电影《归来》，讲述知识分子陆焉识与妻子冯婉瑜在大时代里的遭际，他们虽遭命运的残酷捉弄，但真情始终不改。

2017年，他执导电影《影》，讲述了一个8岁就被秘密囚禁的小人物，不甘心被当成傀儡替身，历经磨难，努力寻回自由的人性故事。该片获得第55届台湾电影金马奖最佳导演等多项大奖。在这部影片中，张艺谋舍弃了一贯的风格，采用了黑白灰的水墨造型，凸显人性的变化多端。他在视觉、美学上的探索依然没有止步。

张艺谋说："这40年已经成为我生活的一部分，我生命的一部分。在这40年中，我们学习、进步、历练自己，当然也可以看到整个国家和整个环境发生的大变化。直到今天，我们产生的所有新意识和一切，仍旧是这40年沉淀下来的。你看今天的90后、00后，其实也是在这40年的基础上成长起来的新一代。包括现在说的新导演、新的年轻的电影工作者，他们都是未来的生力军，会引领和推动中国电影的未来。"

有人说，如果张艺谋在50岁的时候息影，那他一定能走向"神坛"。

在这一点上，他似乎不那么爱惜自己的羽毛，不停探索着更多的可能性。张艺谋说："今天名利对我来说，已经比较远了，就是简简单单的一个想法，一直拍下去。我不愿意舒适地、无聊地在这儿享受。"

对电影，不同的人有着不同的理解与评判。但作为导演的张艺谋，作为电影人的张艺谋，在他40年的创作生涯里，不断变化的是对新事物的尝试与探索，始终不变的是对电影满腔的热爱与执着。

张艺谋坦言："改革开放对我的影响是终生的，因为从跨进校门到今天，自己是伴随着这40年过来的。每一次我们回头看自己的成长经历时，其实都会看到，是时代给了我们所有的一切。"

于冬

与中国电影一起成长

撰稿 ｜ 张震宇
电视记者 ｜ 张晴

> 中国电影人要有责任与担当，要建立起自己的文化自信。我们不去重复好莱坞的技术，而是要学以致用，把它们运用到中国的故事和中国的情感中。不忘本来，吸收外来，面向未来。
>
> ——于冬

"所有的开心和不开心，都是因为电影。"40年风雨走过，于冬如是说。

坐在舒适的影院里，欣赏一部精彩的大片，背后的推手可能就是这位不怎么为大众所知的民营企业老板。

1994年，他是北京电影制片厂发行科能干的于副科长。2001年，他是博纳影业公司的于老板。身份变了，事业做大了，于冬还是那个于冬。

在他身上，你很难看到传统商人的精明与凌厉，反而透过他稍显发福的身材、圆润和气的脸庞，可以看到一股韧劲与真诚。

在影院最低迷的十年，国产片无人问津，他与企业家们一起坚守这方土地。他积极推动内地与香港合作拍片的进程，在投资中具有独到的眼光、兼具情怀和票房，缔造国产类型片的火爆。他审时度势的睿智和脚踏实地的努力，为中国电影的未来带来更多可能性。这一切都源于他的诚信，以及对中国电影业的热爱与信心。

他自称是时代的幸运儿。幸运确实会光顾那些自身散发着独特魅力的人。

仅2017年，博纳出品、参与投资、制作、发行的电影票房就合计101.16亿元，占据全年国内总票房的18%。

金牌销售

于冬进入电影行业其实很偶然。

当时他有一个发小喜欢摄影，拍过很多照片，还拿过很多奖。他一心想报考电影学院摄影系，于冬就陪他一起去了。

报考的时候，他们发现还有一个发行管理专业，于冬就问对方，这个专业是学什么的？将来要做什么？

他们说，这个专业毕业后会分配到电影公司做发行，于冬就试着填报了这个专业。这是北京电影学院发行管理系第一批招学生。那时候于冬的家里订阅了《大众电影》，他每期都看，深受电影的影响，后来又参加了一个学前训练班，看了很多电影，对电影产生了浓厚的兴趣。

1993年，于冬已经读大三，去北京电影制片厂发行科实习。发行科的杨科长带他去吃羊肉泡馍，席上拿出一瓶二锅头，一顿酒下来，没撂倒。杨科长说："这小子不错，可以跑发行。"

那时，电影市场比较严酷，电影厂的经营也很困难。

到了1993年、1994年，北京电影制片厂赶上了电影行业机制改革，首先以发行为突破口。

电影局发布"348号文件"，将国产故事片由中影公司统一发行改为由各制片单位直接与地方发行单位接洽。这样，突破了中影的独家垄断，使各电影制片厂获得了自主发行权。

如此一来，各电影厂就面临着一个自办发行的问题，而于冬这些学发行管理的毕业生就成为各个电影制片厂的"抢手货"。

然而，北京电影制片厂的条件和门槛比较高，需要符合三个条件：第一最好是党员；第二是男生；第三是五年内不准备分房，要求家在北京的。正好于冬这三条都符合，所以他幸运地被第一批分配到北京电影制片厂。

工作最开始就是跑全国卖拷贝。那还是拷贝的年代，一个拷贝从原来的9000元钱加到10500元钱。多卖一个拷贝，就意味着电影厂多收入10500元钱。

所以，于冬变着法地让省一级定片的负责人、发行科长们多

博纳影业集团在美国上市

订一个拷贝，如嘴勤、嘴甜呀，叫这个大叔，那个大姐。

当时的电影拷贝

后来市场又不断变化，发展到单拷贝发行。有时候一个省不愿意要这个拷贝，于冬就想办法到这个省的电影院里去做单拷贝发行。

记得有一次于冬拿一个拷贝到山西，就是夏钢拍摄的电影《与往事干杯》，是一部文艺片。于冬在城里影院的一个小厅持续放映了两个半月，还是独家放映，创造了将近40万元的票房。这让于冬在全国一战成名。

那时候没有互联网，全靠自己主动联系媒体。厂里补助于冬

38元钱，吃不了什么东西，也就是到街边小铺吃个饭，可那已经算是最高补助了。那些记者们到今天跟于冬的关系都特别好，都是那个年代结下来的友谊。

1997—1998年电影市场处于最低谷时期，电影厂生产已经很艰难了，基本上没什么片子，曾经的一批香港合拍片也在1998年香港金融危机之后，瞬间绝迹了。

那时候于冬在北京电影制片厂无所事事，没活儿干，确实是虚度光阴。但同时，一颗躁动不安的心，让于冬开始思考未来该怎么办。

直到1999年，当时的国家广电总局决定成立中国电影集团，由中国电影公司、北京电影制片厂、中国儿童电影制片厂等8家单位合并而成。那时于冬听说他所在的宣发处要解散，所以借此机会，他决定跳出来单干——自己做公司。

第一桶金来自"库房片"

1999年，28岁的于冬创立了博纳文化公司，主营电影发行。那时做发行的民营公司还很少，每年各电影厂拍摄的一大堆国产片，绝大多数都躺在片库里。可他偏偏有独到的眼光，凭借一部"库房片"赚到了人生的第一桶金。

于冬说："做公司干什么呢？我只会卖片子，熟人多，所以就找了一部黄建新拍完搁了三年的片子《说出你的秘密》。"

1995 年，于冬（右一）拿着夏钢拍摄的电影《与往事干杯》的一个拷贝到山西，于冬放了两个半月，创造了将近 40 万票房，也让他在全国一战成名

于冬还在北京电影制片厂当副科长时就想发这部电影，当时给对方压了一个挺低的价格，人家没卖。后来于冬就主动去找人家，说："当时给你60万，不是我的意思。我觉得这片子不错，现在我出来单干，给你120万，你卖不卖我？"那时，这部片子已经压两年了，但两年以后于冬还加了一倍给他。

这样，黄建新就帮于冬联系了浙江电影制片厂。谈完后，于冬认为得跟浙江电影制片厂签一份合同，他跟厂长说："我现在拿不出来一半的钱，我得卖回来给你。"他说："那你卖不回来怎么办？"于冬说："那我给你点诚意金，我手上攒了3万娶媳妇的钱，还借了27万，一共30万我都给你。"

最终，这个片子于冬卖了将近1000万元票房，那一年他净赚

50万元，扣除了"人吃马喂"的费用，他这一年算是活下来了。

那时候民营公司不能做独立发行，必须得有电影局的一个批准函，所以还要等时机。

真正的机遇始于2001年，这一年出台的五个重要文件可以说是迎接未来15年电影产业高增长的一次革命性变革。其中一个很重要的变革就是制片权的放开。这意味着，不仅仅是电影厂可以拍电影，民营公司也可以单片申报，也就是说民营社会力量可以开始独立拍片，这个改革力度是很大的。

因此，这一年于冬成立了博纳电影发行公司，拿到了全中国第一个民营发行牌照，还上了当时的《人民日报》。

诚信为本

2001年的一部催泪影片《我的兄弟姐妹》，让该片制片人文隽净赚500万元，这彻底改变了当时香港片靠着向内地盗版碟商售卖劣质母带赚取50万元的"套路"，也让博纳与香港电影圈的合作变得顺理成章。

那时候，有一个叫文隽的香港制片人，通过广东省电影公司找到于冬，想请他代理发行一个小片，就是《我的兄弟姐妹》。

这部电影让于冬抓住了一次崭露头角的机会，也让他在全国名声鹊起——这么一部低成本的影片创造了接近2000万元的票房，成为当年的票房亚军，为国产影片的市场打开了局面。由此，博纳的办公条件也得到了改善，配了手机，也配了车。

因为文隽，于冬在香港电影圈出名了，很多香港电影公司开始找他，后来他就发行了《天脉传奇》。

电影《天脉传奇》是由杨紫琼、左小青、本·卓别林主演的动作片。一周时间内，于冬卖了3000多万元票房，不但把保底的钱挣回来，还赚了很多钱，让他特别有成就感。

一直到现在，于冬还与很多香港电影公司、香港电影人有着很好的合作，其中最重要的一点是因为诚信。

于冬说："我刚刚起步的时候，实际上是白手起家，那个时候做公司每个月要发1万多块钱工资。别看没几个人，不管多困难，大家还得发工资呀，这个练就了我的忍耐力和对诚信的坚守。

"诚信很重要，不能因为我赚了，就不顾别人，该给人家的不能不给。我记得很清楚，像《天脉传奇》《我的兄弟姐妹》，当时保底发行的价格之外我又多分了很多钱给人家。"

很多人都认为保底就是买断了，但那个时候，于冬觉得保过底之后自己也赚了，该给人家的不能不给。人家很感动，于冬记得黄百鸣跟自己说过："于冬，你前途无量。"

国产大片"推手"

在于冬看来，博纳的电影类型虽然多样，但最重要的还是赋予每一部电影打动人心的灵魂。年轻人都希望看到属于自己的民族英雄。

2003年，CEPA协议（《内地与香港关于建立更紧密经贸关系的安排》）签署后，大批香港导演北上内地。

那时的中国电影还处在一个转型期。从制作上来讲，主要分两种类型：一种是传统电影制片厂沿袭过去的拍摄方法，拍摄主旋律电影；另一种是一批第六代导演在拍国际影展类电影。

于冬突然发现，国产片里面竟然没有商业电影。于是，博纳第一时间瞄准了香港电影市场，使这一批香港电影承担了开拓市场的重要功能。

一直到2008年前后，在这五六年间，每年几十部香港合拍片都交给博纳发行。而博纳也成为促使一批香港导演北上的重要力量。

于冬投资了当时无人问津的文艺片《桃姐》，最后该片获得了香港金像奖的5项大奖。

这批香港导演的优势是什么？懂英文、有丰富的商业电影的制作经验、有非常接近好莱坞的制作理念，因此很快能够把他的技术拿过来为我所用。再加上内地的故事、演员和特有的创作元素，很容易就形成了一大批融合型电影。

于冬觉得今天的香港导演已经做到了融入内地创作。这包括他请徐克导演拍《智取威虎山》，当时博纳有很多人想都不敢想，觉得这样的红色经典，找一个香港武侠片导演来拍，怎么能

2010 年 12 月，博纳影业在美国上市时于东与巩俐等合影

够理解呢?

可于冬就坚信一条:这样的故事如果找中国内地的大导演来拍,一定是"顺撇"的。只有跳出去,才会有新收获。他们会用一种不同的拍摄方法来拍,会不一样。

到了《湄公河行动》时,于冬就考虑要从大背景、大环境出发,即"如何保护中国人人身安全",而且要把它的意义升华成我们对世界各地的中国人的一个宣告——国家是有能力保护每一个中国公民的。

那是2016年的国庆节档期,这部电影一下子在一堆大IP+流量明星的粉丝电影中脱颖而出,连续16天都是单日票房冠军,最后赢得了12亿元票房的好成绩。而警匪片也打破了原来大家所认知的一两亿票房"天花板"，迈向了一个新的阶段。

2018年的《红海行动》，更是延续了大国形象的主题。影片所传达的主题不仅是一个负责任的中国，还反映了保护国际侨民、反恐作战等更为宏大的命题。

再加上《红海行动》对海军的精神面貌和陆战队员集体英雄主义的表达，观众在看到中国海军最后化险为夷时，都跟着起立鼓掌。

很多观众还在网上留言，都十分让人感动。有一个留言于冬至今都记得："从来没有什么岁月静好，只因有人替你负重前行。"其实，这些留言都是电影所赋予观众情感的一种共鸣。

《红海行动》最终票房高达36.48亿元人民币，获口碑票房双逆袭。

于冬说："做电影就要讲好今天中国发生的故事。我们身边有许多英雄，无论是普通的警察，还是普通的海军陆战队队员，我们用现代化的电影镜头聚焦到他们身上，用心抒写他们的事迹，便能让今天的年轻人感觉主旋律焕然一新。"

于冬现在正在拍一部中国救火英雄题材的电影，从《湄公河行动》《红海行动》等类型片开始，未来会带动消防、海关、公安，甚至包括纪检、海外追逃等一系列类型片的潮流。

"改革开放40年，我们回眸中国电影走过的不平凡之路，要感到幸运，因为我们生长在一个最好的时代。"于冬如是说。

吴为山

他使冰冷的青铜，
有了心灵的温度

撰稿 ｜ 桂姝蕾
电视记者 ｜ 李雅倩　邹合义　邓荣　吕侯健　陈昌进　桂姝蕾

　　2018年，吴为山成为第二位继吴冠中（1919—2010）之后就任法兰西艺术院通讯院士的中国艺术家，他塑造的马克思雕像也于马克思诞辰200周年之际屹立于德国特里尔。

　　吴为山长期致力于中国文化精神在雕塑创作中的融合与表现，尤其是对中国传统人物的雕塑表现，如《孔子》这样的力作。

　　看起来极不起眼的泥块，经过雕塑家吴为山的手，揉捏、敲打、塑形，就好像被赋予了灵魂。

　　他由衷地热爱雕塑："只有把精神、理念、情怀融入自己的灵魂里面，作品才能生发出最大的感染力。"

　　"我创作时经常划破手，洗过后，只需擦一点手霜就立即恢复柔和。"吴为山笑着说。他摊开双手，令人惊奇的是他并没有想象中常年用手创作的雕塑家粗糙的手掌，反倒细腻柔软。

他右手的拇指比左手拇指长2厘米，因为经常用到拇指塑形，形状也更为扁平。他回忆起在英国时遇到的一个老雕塑家，两手大拇指的长短差距比自己更大。他当时对那位艺术家说："等我到了您这个年纪，拇指的差距会比您还要大。"

创作的时候，靠着一柄塑刀和木质工具，对着一堆浸湿的泥土，他经常忘记时间的存在。勤奋是吴为山的法门，身兼多职的他，在结束一整天的工作之后，最喜欢去的地方就是自己的雕塑工作室，他常常说："我在阳光下工作，在灯光下创作。"

求艺问道

吴为山生于书香门第，他的老家在苏北里下河地区的东台。家里的一位嫡亲伯祖父高二适是书法大家，与林散之并称当代草圣。吴为山的父亲则继承了家中的读书传统，是一名优秀的语文教师。

在那个年代，小学课本里基本没有古典文学和唐诗宋词，他的父亲便让他背唐诗，自此培养出他对中国传统文化的热爱："我特别喜欢李白、杜甫。"

在父亲的熏陶下，他自幼喜欢写写画画。11岁时他摸索着写生，画的是乡里熟识的老人。文脉昌盛，是他埋首艺坛的底气。

1977年恢复高考后，他连续六年都以一分之差落榜，凭着朴素而热切的"求知欲望"，吴为山始终没有放弃："只有到大学

2018 年 11 月 14 日，法兰西艺术院终身秘书长洛朗·珀蒂吉拉尔亲自为吴为山颁发荣誉证书

里去，才能完成一个年轻人对于文化的塑造。"后来因为报考表上填的"绘画"专长，被录入无锡工艺美校。

大学毕业后他留校任教。20世纪90年代初期，市场经济蓬勃发展，商业雕塑大行其道。

1991年的一个夏日，29岁的吴为山接到了一个邀请——"当代草圣"林散之的长子林昌午请他为父亲塑一尊半身像，打算放置在林散之纪念馆中。

这份邀请使年轻的吴为山踏上了塑造中国文化名人的起点。

当时的条件还很艰苦，他与母亲、妻女挤在一间20多平方米的房子里。他总是在家人睡熟之后，研读林散之先生的诗歌、书法和绘画，试图摸透他的性情……当雕塑完成之后，林昌午说了一句"父亲活了"，让吴为山备受鼓舞。

吴为山说："那时，经济大潮涌动，社会价值取向多元，许多年轻人对我们国家杰出的思想家、文学家、科学家、艺术家很陌生，转而去崇拜明星。作为雕塑家，我觉得应该用雕塑的手法为这些历史人物塑像，建立时代丰碑。"

后来，他陆续为费孝通、钱伟长、季羡林等大师塑像，在与这些人的交谈中他受益匪浅："因为这些人物，他们身上承载着文化，他们精神世界的丰富是人生的价值体现。"

和大师们的每一段交往，都是一次修炼和领悟。每完成一尊雕塑作品，是求艺，更是问道。

渐渐地，吴为山开始从现代文化名人的创作范围扩大至历史文化名人：老子、孔子、王献之……众多名人塑像从他手中的泥土中幻化，他成为"为时代造像者"。

雕塑诗人

雕塑艺术就像诗歌一样，是提炼出的精神表达。"它应当一目了然，又回味无穷。"吴为山认为，一件好的雕塑，最重要的是鼓舞人，通过雕像体现精神，表现艺术，特别是表现艺术的创新。

他希望在雕塑艺术中达到一个新的境界——和古人不同，和西方人不同，跟现代人也不同。直至他找到了写意雕塑的创作之路。

他融合西方写实手法和中国传统写意技法，在不可言说的"似与不似之间"，重在体现人物内在的精神。时至今日，他的"写意雕塑"在整个雕塑界独树一帜，被誉为"雕塑诗人"。

吴为山塑像，有无数腹稿，但没有草图。他开玩笑说："我经常拿空气塑像。"长时间琢磨，顷刻挥就。

吴为山曾经为了给著名文学家袁行霈先生塑像，花了6年的时间琢磨和思考，而真正落到指端的作品，只花了半个小时："因为我平时在空气中捏的时候，就已经把他的形象给捏好了。"

吴为山说："一个艺术家如果能够在艺术上多花一个小时、一天、一个月甚至一年时间塑造出来的作品，也许在历史上，就会多留下十年、一百年、一千年。"

泥巴、木头、石头、不锈钢、青铜这些载体，只是他内在精神的投射。

他经常对着六七幅雕塑对象的照片反复研究。"苦功夫"不是雕塑技巧，而是研究要塑造的对象，要去研读他们的书，以及他们的衣着、生活习惯、生活空间。"读懂了塑造对象，才能塑造出传神的作品。"吴为山说。

吴为山的现代写意雕塑，细节粗犷，天马行空，却在神态和形态上意象万千。

他用"书法"对比自己"诗风荡漾、文意堂堂"的写意雕塑："写实雕塑相当于正书，写意雕塑相当于行书，抽象雕塑就相当于草书。写意雕塑的核心就是中国的人文精神。"

此道不孤

1996年，在荷兰做访问学者的吴为山接到为荷兰女王贝娅特丽克丝塑像的邀请，这是他的作品第一次登上国际舞台。这也是吴为山第一次意识到西方艺术界对东方雕塑的肯定。随后他又作为访问学者去美国华盛顿大学学习。

吴为山感到，人物雕像不仅仅影响中国人，也影响到外国人："巴西的库里提巴市市长来到中国，看到了孔子像。他说，孔子的思想对他的执政理念很有影响，所以他要求把孔子像立到库里提巴市。"

后来，这位库里提巴市市长亲自到机场去迎接孔子雕像，当箱子打开的时候，他拥抱了雕像，并且把立像的广场称为"中国广场"。

在几千公里以外的南美，中国的孔子被请过去，立在那里讲述中国的"仁、义、礼、智、信"。这种情感使冰冷的青铜，有了心灵的温度。

法兰西学院的主席克罗德·阿巴吉到中国访问的时候，在中国国家画院看到了画家黄宾虹的雕像，他被深深地吸引，随即用速写本把这尊雕像画了下来。

后来吴为山去法国访问，恰巧拜访了克罗德·阿巴吉。聊天的时候，克罗德·阿巴吉拿出一个速写本，对吴为山说："我在中国看到一个雕塑，不知道是谁的作品，非常想了解他的创作过程。"

寒冷的冬天，吴为山在室外创作马克思雕像

打开本子一看，吴为山愣住了，瞬间热血沸腾，克罗德·阿巴吉画的竟然就是他创作的黄宾虹雕塑。

得知眼前这位雕塑家就是这尊雕塑的创作者时，克罗德·阿巴吉热烈地拥抱了吴为山："真没想到，我以为这个作者有100岁了。"

吴为山说："我们到西方去，特别是到欧洲，看到维纳斯、大卫的雕塑，我们总是带着一种膜拜的心理，去崇仰古希腊、古罗马的艺术。我们也会用写生的方法画下我们心仪的雕塑，但是一个西方法兰西学院的主席，来临摹我的雕塑，这对我来说是一种特别的鼓舞。特别感动的是，一位80多岁的西方大师，对中国的作品那么珍惜，用心来琢磨、感受和体会它们。"

后来，他们俩在巴黎举办了联展，克罗德·阿巴吉把孔子和老子的作品都放到了最重要的地方，把自己的作品都围在孔子、老子的周边，以表达对中国艺术、中国文化、中国圣贤的尊重。

马克思诞辰200周年之际，吴为山应邀去往德国。一开始德国方面希望为马克思立一尊儿童时期的雕像，但吴为山觉得这不是他心目中的马克思："因为马克思是思想家、哲学家，他的长相要和他的身份相符。我们所熟识的马克思，是长头发、长胡须的马克思，充满了智慧。"

德国方面原先打算把雕像塑造成2米的高度，后来吴为山觉得，应该要做一个体量上更加高大的马克思雕像："马克思的前景非常开阔，他的背景应该非常深厚，他脚下的大地应该非常坚实。"

最终，他选择在德国城市特里尔一个古罗马时期的广场为马克思塑造一尊5.5米高的雕像，寓意马克思的诞辰日：5月5日。

这样的建议也获得了德国方面的认同，通过议会表决同意了吴为山的方案。

在创作过程中，由于工作室室内的空间有限，而雕塑作品是需要放置在室外被各种角度和距离观看的。吴为山临时决定将已经送去山西铸铜的马克思雕像紧急召回，最后把雕塑放置在一个开阔的广场上去看，再进行调整和修改。

当时正好是1月，吴为山在刺骨的寒风中持续工作了七八个小时。做完雕塑的时候，他的手都被冻僵了。"但是，心是温暖的。"吴为山回忆道。

他精心创作的马克思雕像运到德国之后，德国方面一致表示：这就是他们心目中的马克思——身穿大衣，迈着从容坚定的步伐，目光深邃，炯炯有神，向着前方，手中夹着一本厚厚的书——人类社会发展的百科全书。

吴为山回忆自己三十多年走过的创作历程，以塑造中华杰出人物雕像为己任，向世界讲好中国故事，感受中西方文化的交融和碰撞。

为了不能忘却的纪念

艺术有三种作用：一是告诉我们客观世界的现象，二是告诉我们内心情感的追求，三是用灵魂来引领我们的生活。而只有真正用"心"去创作的作品才有震撼人心的力量。

吴为山的作品向世界传播中国文化，讲述的不仅是一些美好的故事，也把中华民族在历史中遭遇的灾难、耻辱讲给世界听。

2005年12月，中共江苏省委委托吴为山创作侵华日军南京大屠杀遇难同胞纪念馆扩建工程大型群雕。那段时间，吴为山不是徘徊在当年的大屠杀现场，就是去寻找幸存者进行细节访问。

刀砍、棒击、棍敲、手塑并用，在悲愤产生的速度与力量中，在《辛德勒名单》主题音乐的回响中，他仿佛置身于1937年的那场腥风血雨，耳畔时刻回响着30万亡灵冤魂的哀号。

那段时间，《逃难》这组雕塑幸存者的泣诉常常让吴为山彻夜难眠。

幸存者常志强告诉他，在逃难的过程中，亲眼看见母亲被日本人无情的刺刀捅得鲜血直流，但母亲还是用尽最后一丝气力把衣襟扒开，让弟弟吸吮乳头。天寒地冻，弟弟的泪水与母亲的血水、奶水冻凝在一起。直到有人想把弟弟从死去的母亲怀中抱起，才发现母子二人已冻成一体，僵硬的身体无法被分开……

时光逝去70余年，每每讲起这一幕，常志强老人仍然声泪俱下。这一幕也被吴为山塑进了群雕中，取名为《最后一滴奶》。

如今，这组雕塑不仅感动了所有的中国人，也感动了世界各地的参观者。吴为山说："向往和平是人类的共同追求，发展中的中国已经有自信揭开自己的伤疤，让世界警醒，让战争远离人类。"

余秋雨曾说，吴为山是一个"叩问天意"的人。但是，仅此一面，还不是完整的他。他还有重要的一面，叫作"裹卷人气"。把"叩问天意"与"裹卷人气"加在一起，才是吴为山。

他用自己的双手，给予无生命的材质以温度、以形象、以想象的空间，把人类文化以雕塑的形式留存下来。

田沁鑫

做时代剧场的主宰者

撰稿 ｜ 桂姝蕾
电视记者 ｜ 段译　王瑞宁　邓荣　吕侯健　马剑飞

> 我作为国家话剧院的一个导演，应该有文化责任和文化担
> 当。我要做有文化含量的戏剧给我的观众，这是我不容置疑的
> 责任。
>
> ——田沁鑫

田沁鑫是当今话剧舞台上最活跃、最出色的导演，她的名字
就是话剧票房的保障。从处女作《断腕》到成名作《生死场》，
再到经典之作《四世同堂》，创新之作《北京法源寺》《聆听弘
一》等，她一直追求用戏剧的表达方式来讲述中国故事。

一个地道北京姑娘的文艺养成

田沁鑫生于北京，姥姥属于满族正红旗。她的艺术养成来源

于家庭的滋养，也来自那个时代的一系列阴差阳错。

"那是'文革'期间，北海也没有人。夜晚的时候，眼睛里面的神气都看得到，直到现在我还很留恋没有人的故宫，没有人的北海。"田沁鑫回忆说，"小时候妈妈带我去过北京很多有意思的地方——北京画院、故宫，都跟绘画有关，接触到很多的画家朋友。"

在央美附中做教师的母亲痴迷于绘画的艺术梦想，家中来客亦多是画家、书法家，远山淡水的话题滋养着田沁鑫的童年。她印象中的母亲总是一个作画的背影。

在四川当兵的父亲喜欢文艺。"女孩子搞文艺，唱歌、跳舞是最好的。一辈子很安稳，不会有什么大的动荡。"经历过"文革"的父亲这样想。田沁鑫5岁那年，因为父亲常年在外，母亲又一心追求绘画理想，便把她送到了什刹海体校学舞蹈，当时学校里有从东方歌舞团下放来的舞蹈老师。

体校的集体生活对她而言并不是一段愉快的回忆。当时体操老师看中了她，后来她便去了体操队，每天早晨教练五点半就叫她们起床去练功。

"我记得小时候很早就要起来去练功房练功，我举腿永远举不上去，举到十三四个就开始哆嗦，像噩梦一样一直过不了关，好像永远在被教练罚。"她说。

虽然在体校的生活衣食无忧，经常能见到国外请来的有趣的教练，还会收到各国外宾捎来的新奇礼物，但田沁鑫天生是一个与人群有距离的孩子，她始终无法融入这样的集体生活。

受母亲影响的田沁鑫一直以来的梦想是安安静静地画画，但童年时的她完全在父母的安排下成长。

"我喜欢画画，当画家一直是我的一个梦想，到现在依然是我的梦想。画画是一个人的自由表达，而体育永远是有规则的。"她说。

9岁那年，她又考了北京艺术学校，开始以为是去学唱歌跳舞，结果却误打误撞学了京剧。她依旧很抗拒，无论是体操台还是戏台，她都对"当众表演"心怀恐惧，形体上也很别扭。

年少时的田沁鑫对京剧的厚重和魅力谈不上热爱，但这段经历让她变得爱看戏了，学到了很多中国传统的戏剧表达方式，也最终成就了她在话剧舞台上对节奏感准确把握的能力。

回忆起自己的成长，田沁鑫更怀念的是被邻居奶奶照看的日子。这位老奶奶非常疼爱她："她是一个老太太，铁路工程师的遗孀，长得很漂亮，但她裹小脚。她总是给我讲故事，讲各种各样神奇的故事，还有明清时期的小说。"

"邻居奶奶当时给我文学的启蒙，画画是我母亲的启蒙，对于歌舞的热爱是源自我的父亲。"田沁鑫这样总结她年少时得到的艺术启蒙。

少年时期的田沁鑫虽然不喜欢上台表演，却十分喜爱文艺。那时候她经常逃掉晚自习，骑着车四六九城地去看戏。那些老表演艺术家在台上的精彩演出给田沁鑫留下了极其深刻的印象。

"我看裴艳玲的《武松血溅鸳鸯楼》——就是全版的武松。我第一次看见杀人杀笑的，武打片都没见过这样的。武松在里面不断地杀，在杀的过程中一边杀一边笑。最后她亮相的时候全场掌声非常热烈，北京话叫作兜底叫好，真是太厉害了。"田沁鑫说，"这些艺术家给我留下了太深的印象，所以我成了一个戏迷。我最大的理想就是骑着自行车一辈子四六九城地看戏，我对传统文化特别迷恋。"

改革开放下的学习契机

"如果国家不开放的话，一辈子就是京剧团的一个演员，而且一定是龙套演员。因为我学得很差，很有可能就是嫁人这个命运。"人很难逃脱时代的局限，但只有回过头来才看得清楚时代对人的影响是巨大的。

她说："戏校上到四年级的时候，改革开放了。学校不管分配了，这在当时是一个很大的震动和一场文化的裂变。"

到了报考大学的时候，她想考美术专业的想法被父母否决了，就改念了中央戏剧学院的导演系。

"其实我还有两个理想：一个是北大的考古专业，我喜欢考古；另一个是地质大学，我喜欢到山里去采石头，我觉得勘探挺棒的。"田沁鑫对未来的憧憬很多，但她只能选择一个。

1993年，中国正处在改革开放的大潮中，大家都想去国外看

田沁鑫在讲戏

看，这在当时是一件很时髦的事儿。她从小在体校就经常见到外宾，所以出国留学对她来说也不是一件新鲜事。

她去了趟英国，原本打算去留学，但是发现没有奖学金，中国孩子在英国生活很难，物价太高了，留学就好像是一件特虚荣的事儿。想来想去，田沁鑫还是回国了。

在导演系学习的这些年，田沁鑫遇到了很多恩师。当时的她深受西方文化思潮的影响，看西方印象派画家的作品，研究西方美学和荒诞派的戏剧结构。

那时候田沁鑫的作品大都改编外国剧本，当时她的班主任就不喜欢她现代派的解读方式，希望她拿出一部真正的现实主义作品。

她说："老师让我找一个现实主义的剧本，不然给我不及格。我说不及格就不及格呗，那时候比较有个性。

"后来老师说，我不能给你不及格，我只能给你60分。他的善良打动了我，我就认认真真想现实主义作品该怎么排。"

最终她选择了吴祖光的剧本《风雪夜归人》，当时田沁鑫家住得离吴老师家特别近，还专程去和吴祖光探讨过对剧本的理解。

在老师的帮助下，她的作业成了全班最高分。老师觉得她的节奏感把握得非常好，可当时田沁鑫压根不知道这个节奏感是怎么来的。老师说："因为你小的时候学过京剧，这会潜移默化地影响在你身上，所以你会有节奏感。"

南下深圳到北上《断腕》

求学这段时间，田沁鑫遇到了一场无疾而终的爱情。毕业时，她为了远离北京这座有着伤心情感记忆的城市，一心要去很远的地方。那时候的她放弃了一切念想，只想逃离。

"毕业那天，我跟老师说要去深圳。老师对我说：'可惜了。你会是个很好的舞台剧导演。'我说：'是吗？'然后老师就走了。我有点心酸，一个人去了学校剧场，剧场黑着灯，很安静。我就看着台上那个小景、小椅子，非常像小时候玩的过家家，然后那天我就哭了，我那么喜欢舞台剧。"

1996年，田沁鑫南下去了深圳。在改革开放的年代，深圳很有物质吸引力，市场管理模式都是非常先进的，但是在文化上却是一片沙漠。

田沁鑫在深圳只看过两场戏，当时她没有别的可以看，就开始研读著名剧本。也是在那时，她才真正读懂了曹禺的《雷雨》。

"我那时候才觉得北京真好，在北京能看戏。我当时离开北京没有想过这事，没有想过我的生命中很大一部分是戏剧。"这个用情至深的姑娘开始怀念从小生活的北京，怀念北京的舞台。

1997年，因为家庭的原因田沁鑫又回到了北京。一回到熟悉的地方，她当年伤心的感情经历又涌上心头。她做了一个很特别的决定：为她深爱过的人做一台戏。

但当时北京的市场还是不比深圳，她没有拉到赞助。正感到绝望的时候，她碰到了戏校当年的同学，当时这位同学已经改行去中关村做电脑生意了，做得还不错。

老同学一见田沁鑫，就调侃她："你怎么混得这么惨呢？我给你2000块钱接济一下你现在的生活吧。"田沁鑫当时说："2000块太少了，你借我20万吧。"

同学问她，你要这么多的钱干吗？田沁鑫说想排一个戏，又给同学讲了一遍剧本。同学听完那个故事觉得特别感动，决定投资她做这部戏。这个机缘促成了她第一部话剧《断腕》的诞生。

田沁鑫一开始也不会做预算，第一次做的预算表，同学觉得不够细致，后来让她把每一笔花销都得写得清清楚楚。

那一刻，田沁鑫的心里产生了巨大的落差。同学变成了一个投资者，她变成了一个替他花钱，还要把钱花明白的人。

田沁鑫说："那天正好是1997年7月1日，香港回归。当时外面在放烟火，所有人都跑出去看，我一个人坐在一家粥店的桌子前做预算。艺术家不应该管这些事，但是没有人管，所以我一定要把这个戏做好。"

紧接着就去报社托关系做宣传，自己画海报，去各大剧场门口发传单。她找了段奕宏、涂松岩和金星出演了她的第一部话剧《断腕》，一共演出了14场。

演出那一天是她昔日爱人的生日。但是，他没来看。

这已经不重要了，对田沁鑫来说这是一场隆重的告别。她想告诉那个人——请相信爱情，我爱你与你无关。

这种不求回报的付出虽然没有让她挽回爱情，却让她收获了很多其他的东西。

自此，编剧、导演田沁鑫一发不可收拾，她开始真正登上戏剧人生的舞台。

戏剧是远离生活又直指人心的东西

1999年4月，《生死场》正式建组，这是田沁鑫第一次走进国家级的剧院，也是她第一次执导大剧场的剧目。制作人李东回忆，本就内向的田沁鑫有时候会紧张到不能和演员交流。但无论过程多么坎坷，最终的结果是大获成功。

这个题材是她在深圳时就萌生的想法。"我喜欢萧红的作品，鲁迅说她是个天才，又触及生老病死这样一个题材，我就想把它做出来。"田沁鑫说，"萧红有一种巨大的悲悯，那么年轻就触碰了生老病死的终极问题。她的书写、她的记录很残酷。因为太悲悯了，才有那么大的残酷。她一直以儿童的视角在写作。"

这个话剧当时在戏剧界引起了轰动，大家一下子都知道了田沁鑫。不久，她就被调进了中央实验话剧院。一年以后，青年艺术剧院和实验话剧院合并成立了中国国家话剧院。

后来又有了《赵氏孤儿》，那是田沁鑫在进入中国国家话剧院之后排的第一部戏。与此同时，林兆华版的《赵氏孤儿》也在上演。

林兆华是戏剧圈内的知名人物，而田沁鑫当时只是30多岁的青年导演。同一个题材，不同的解释，完全不同的演绎方式在改革开放之后的戏剧舞台上也是第一次出现。

与林兆华克制的表现手法不同，田沁鑫版的《赵氏孤儿》大胆奔放。造型上，她刻意求新，大面积的红黑色块、红发、吊笼等颜色强烈、样式纯粹的元素被大量使用。

在此之后，她还陆续改编了老舍的《四世同堂》、张爱玲的

《红玫瑰与白玫瑰》、李碧华的《青蛇》，几乎每一部戏都是场场爆满，一票难求。

这些文学作品经过她在舞台上的立体呈现，用更现代和中国化的处理方式，让更多人看懂，被更多人喜欢。

话剧界的人习惯将2005年视为中国话剧的分水岭。在那之前，话剧是激情而冲动的，会耗费大量时间和精力，大家都充满了创作的快乐，票房没那么被看重。

这一年，《关于深化文化体制改革的若干意见》下发，市场、票房开始主导话剧创作的方向。

田沁鑫说："到2005年，市场像血盆大口一样突然张开了，当时最火的行业应该是电视剧。我的人生理想一个是戏剧，另一个是电影。我没有电视剧这个档，我认为电视剧更加通俗一些，戏剧更加远离生活，趋向于某种审美和思想性。"

后来，制作人在潮流的裹挟之下想让田沁鑫做一部电视剧，出于合作方的盛情难却，最终她还是答应了，将李碧华的小说改编成了《生死桥》。

田沁鑫笑言那也是她人生中签的第一笔100万的单子，当时她觉得自己真是太有钱了，回北京就给了妈妈一笔钱。之后又和闺蜜去商场疯狂地购物，好像什么都不要钱似的。

"这种潮水不是慢慢淹过来的，是直接拍打在你身上裹挟着你，无可抗拒。那时候真正文学性的光芒开始丧失，大家疯狂地要去抢夺市场赚钱，资本的力量太巨大了。"

田沁鑫执导《北京法源寺》

田沁鑫说："原来我做戏时，对匪夷所思的社会现象是比较有情绪的。随着年龄和阅历的增长，我开始融入这个社会，并开始喜欢这个时代的特点。"

无论哪种心境，她对戏剧的迷恋都不减半分。灯光亮起，远处一个舞台，上面有思想，有道德，有假象，有真情，有人际关系和整个社会。

《聆听弘一》，做一部值得尊敬的戏

田沁鑫在戏剧圈里以解读经典而闻名，也执着于讲述中国故事。将传奇人物搬上话剧舞台，不是为了关注度与票房，田沁鑫认为，对观众们的精神关照更重要。

从1997年导演话剧《断腕》开始，到后来的《生死场》《赵氏孤儿》《四世同堂》《红玫瑰与白玫瑰》《青蛇》《山楂树之恋》等，田沁鑫都在寻求更恰当的戏剧表现方式。

她说："买一件衬衫是120块钱，看一个小剧场演出也是这个钱，观众为什么来看戏呢？我想还是因为对思想有追求，对审美有需求。如果我们拿出来一个戏质量很差，我觉得观众是很可怜的，尽量考虑让观众觉得票有价值。"

后来，田沁鑫重新从美学和德育的角度来思考传统文化对人的作用，这也是她为什么开始注重传统文化在戏剧中呈现的初心。

"中国还有一句话叫'仁者乐山'。画家往往画山，很少有人画水。"所以君子要有自己的美德，他要成才，要成气，要成为一个有格调的人。

2016年，田沁鑫起心动念写一出和弘一法师有关的新戏。"他很勇敢，不管俗世的眼光怎么看待他，都跟他本身的心灵没有关系，他始终跟着自己的心灵走。这种勇敢很吸引我去做这部戏。"田沁鑫如是说。

李叔同最早将西方油画、钢琴、话剧等引入国内，开设裸体课堂，引进外国流行歌曲，排练话剧《茶花女》。并且他擅书法、工诗词、通丹青、达音律、精金石、善演艺。

他在中年突然剃度出家，成为备受尊重的律宗大师。

夏丏尊说："综师一生，为翩翩之佳公子，为激昂之志士，为多才之艺人，为严肃之教育者，为戒律精严之头陀……"

但对田沁鑫来说，"好像我并不了解这个大师，我觉得有一些像模糊的熟人，或者说，熟悉的陌生人"。

"弘一法师涉猎领域那么广泛，而且干什么都干到头了……这么一个情重、对俗世好奇、要新鲜感的大艺术家，为什么在中年的时候出家？"田沁鑫进一步思考。

田沁鑫这次的剧本写作，可以说是一场"说走就走的旅行创作"。她受李叔同在浙江出家的灵感启发，更受弘一法师走过诸多山中寺庙的经历感召，走进浙江丽水的山村，饱受蚊虫叮咬之苦，寻找灵感，前前后后发生一些奇妙的缘分。

"我当时住在山区，晚上开灯写作总会有很多飞蛾和其他昆虫飞进来，我就每天都和几百只蛾子做斗争。我就想当时弘一法师也是这么过来的啊，难怪几十年他只张口向人们要了一样东西，就是蚊帐。我也算是体会了法师苦行僧的感受了。"田沁鑫说。

这样的缘分，田沁鑫是信的。

《聆听弘一》讲述了典型的中国故事。田沁鑫说："看到弘一法师，我觉得他有一种超越我们的恐惧之外的、非常饱满的生命状态。"

"他非常地自律，如果一个地方他待一个月，觉得适应了，开始舒服了，他便说：'我要走了。'这种境界不是一般人可以达到的。"

田沁鑫在指导演员表情

弘一法师说："以戒为师，持戒精严。"在自觉的严苛戒律中，他得到的不是俗眼看到的苦楚，而是超越俗世的极大自由和喜乐。所以大师在告别人世前，写下一生的总结——"华枝春满，天心月圆"。

田沁鑫说："我希望超越小我和小爱，去爱我们的国家，爱这个民族的艺术，爱我们民族的尊严。我们泱泱五千年的文明大国孕育出了灿烂的文化，我们不应该不自信。"

启航剧场，回归剧场

2017年底，田沁鑫参加了第五届乌镇戏剧节，她那时其实刚刚大病初愈，虽然身体还在恢复过程中，但依旧坚持亲自参加。

戏剧节上邀请了十几个国家的艺术家，在为期11天里演了100场戏。田沁鑫觉得这是一个很好的机会，因为全世界的艺术家都可以在这里交流。

2018年底的第二十届上海国际艺术节上，田沁鑫担任"20·40大家·回家"特别活动的总导演。

众多从这里起步的艺术家齐聚一堂，回到陪伴、扶持他们成长的艺术平台，与大家分享了与中国上海国际艺术节一路同行的"不解之缘"。

在第一届中国上海国际艺术节上，田沁鑫带来了话剧《生死场》。如今，她已经带着8部戏剧作品参加上海国际艺术节，成为本届艺术节展演作品最多的戏剧导演。

她带着自有的灵气及对戏剧的敏锐洞察力，在"导演"这个以男性为主导的行业中，往心目中更高的智慧前行着。

近三年来，田沁鑫分别编剧、导演了话剧《北京法源寺》《聆听弘一》，跨界执导了歌剧《长征》，复排了自己17年前的作品《狂飙》。

田沁鑫说："我到现在为止做戏21年，几乎没有做过外国戏。即便是《罗密欧与朱丽叶》《李尔王》这样的经典作品，在吸收了一些技术、能力之后，所做的依旧完完全全是中国式的表达。"

"他们说田沁鑫这个戏做得好，后来我说这个戏其实不是我有什么能耐，而是中国话剧应该是这个水平。一个有着五千年文明的国家，我们应该能够感知到自己民族的文化，我们的人性也是丰富的。"

回望从学戏、看戏、爱戏到写戏、导戏的这近40年，田沁鑫与戏剧交织的人生冥冥中似乎是一种必然。

田沁鑫说："我作为国家话剧院的一个导演，应该有文化责任和文化担当，去做有文化含量的戏剧带给我的观众。希望未来中国的戏剧在世界上受人尊敬。"

2018年10月16日，田沁鑫被任命为中国国家话剧院副院长。从艺术家更多的个人表达状态，转向主抓剧院艺术生产的业务副院长，田沁鑫等待着自己的转变和另一种坚持。

田沁鑫怀着对戏剧的热忱，把戏剧作为道场，将自己的认知、表达和所有喜欢的东西，归之于舞台，与大家分享。我们深感她的善意、随和与宽厚，也感受到她的赤子之心，以及对戏剧事业难掩的热爱与担当。

借用斯坦尼斯拉夫斯基的一句话："戏剧可以唤醒你们内心更活泼、更狂热的东西，一种追求艺术的希望。我想看到的是你们走向舞台时是充满渴望的，是兴奋激动的，是生气勃勃的。"

"从剧场启航，最终回归剧场，"田沁鑫说，"这就是我追求的圆满人生。"

杨丽萍

生命的体验者，生命的燃烧者

撰稿 ｜ 李端　纪萱萱
电视记者 ｜ 李雅倩　王溪　李常明　秦芬

从《十面埋伏》到《孔雀之冬》，再到2018年的《春之祭》，她的作品一部比一部更深邃，更有视觉冲击力。而她自己，每每出现在大众视野中时，不是与鸟雀相伴，便是与繁花相守。

"有些人的生命是为了传宗接代，有些是享受，有些是体验，有些是旁观。我是生命的旁观者，我来世上，就是看一棵树怎么生长，河水怎么流，白云怎么飘，甘露怎么凝结……"2012年，杨丽萍的《雀之恋》登上春晚舞台，她在接受央视记者专访时说了这样一段话。一个以身体语言征服观众的舞蹈家，言语中透露的哲思让许多人惊叹不已。

有人说她像森林女巫，有人称她为舞神，也有人认为她是舞蹈的守望者。一些人甚至发出感慨：杨丽萍不是凡人，而是精灵，是仙子。

献祭

"《春之祭》的音乐，舞者一听到就热血沸腾，感觉它会撕裂你的身体。"在舞蹈界，《春之祭》是一个标志性的曲目，也是编舞界无形的"标尺"。创作一部别具风格的《春之祭》，对每一个舞蹈家来说，都是一项极具挑战性的工作。

《春之祭》是美籍俄罗斯作曲家斯特拉文斯基在1913年创作的一部芭蕾舞剧，被英国古典音乐杂志（ Classical CD Magazine ）评选为对西方音乐史影响最大的50部作品之首。

这部舞剧呈现了俄罗斯原始部族庆祝春天的祭礼——从一群少女中挑选一个牺牲者，她不停地跳舞，直至死去。恐惧、矛盾、彷徨伴随着少女，她在被动地献祭。

《春之祭》因其原始、强烈的风格成为时代经典，但也是从这一部舞剧开始，芭蕾舞不再只是优雅的代名词。许多人将《春之祭》的到来视作现代舞诞生的标志。

没有多少舞者能够真正驾驭得了它，我自己也很难。但是有幸的是，俄罗斯这样一种民俗，这样一个仪式，在我们云南还真有很多。特别是彝族人、佤族人，他们都有类似的仪式——在春天这样一个美好的时节，通过舞蹈，通过一个少女在春天的雨中沐浴，然后用自己来献祭。这是一个民族对天、

杨丽萍，谢震霖摄

对地、对生命的一种感悟和理解、呈现和表达。

——杨丽萍

在杨丽萍的故事里，古老的人类不再只是被动地献祭，而是主动地牺牲；被献祭者不再是美丽纯洁的少女，而是神圣的孔雀；而献祭的方式，也不再只是向死而生，而是从生到死、再到涅槃重生。

轮回

"你磨难，你牺牲，其实为了重生。"杨丽萍说。

《春之祭》的创作理念源于杨丽萍对传统文化中自然与生命理念的深刻领悟。她将舞台化为一个抽象的宇宙，时间、空间、生命共存其中，万物轮回，周而复始。

杨丽萍说："我们白族人也有这个理念，就是我来牺牲，我不下地狱，谁下？我不牺牲，怎么能带来世界的美好？怎么能带来春天的重生？所以你看很多人是为了别人，我们芸芸众生，每一个人都是为孩子去奔波献祭。"

舞剧开场，早在允许观众进场时——或者更早一点——舞蹈演员们就端坐在舞台中央，面相庄严，纹丝不动，任世间来来往往，起起落落……杨丽萍很喜欢叶锦添的"佛眼"设计："闭着其实是睁着。有一双最典型的眼睛，就是在尼泊尔墙上，什么都

杨丽萍作品《雀之灵》

1989 年，央视春晚杨丽萍的作品《舞之魂》

没有，就是一双眼睛。但他的眼睛从美术角度，从色彩角度你就觉得，你会在里面感受到他给你的一种关怀和一种希望。"

伴随着悠扬的音乐和缓缓飘散的烟雾，一位红衣舞者将散落在舞台上的"唵""嘛""呢""叭""咪""吽"六字箴言字砖，捡起来，归拢、搬运、整理……最后铺成了一个圆。

"圆在中国人的眼里，或者是在藏传佛教中，都是圆满、圆润的意思。我们的太极也好，我们的地球也好，整个宇宙也好，包括生命，都是一个轮回。

"你们能看到有个人一直在摆六字箴言，这其实是从坛城里面借鉴的，就是我要建成我的精神家园。但是这一切的一切都

我和我们的时代

314

是虚无的，生命总归是要走向死亡。就像坛城建成以后，最后要毁坏。

"所以我们慢慢地做成一个子宫的模样，一个女孩在这个里面出生，在这里面完成了自己的祭奠，完成了自己的一生，最终走向毁灭、死亡，或者是涅槃、再生……这是东方人对生命的理解。"

在藏传佛教中有一种独特的宗教艺术，喇嘛们用数百万计的彩色沙粒精心描绘出奇异的佛国世界，这个过程可能持续数月。但是，精美如艺术品的坛城，用彩沙描绘的世界，在仪式完成后会被毫不犹豫地扫掉，顷刻间化为乌有……这既是"无常"，也实现了佛教中一个甚深的概念——"空性"。

随着狂野的献祭场面和激烈奔放的舞蹈一一呈现，更多具有东方色彩的文化符号也出现在舞台上：敦煌飞天的手势和脚姿，以及用中国传统的狮首瑞兽代表献祭的鬼神怪兽……叶锦添的东方面具、华装彩服、长衣缓带，何训田充满东方韵味的音乐，等等。

礼赞

"《春之祭》这个作品要告诉你的就是生命。"在整部舞剧中，双人舞部分是一大亮点，也是杨丽萍花费精力较多的部分。这段舞蹈展现了男女相亲相爱的场景，展示了生命最原始的力量。这段双人舞排练了一年多。

阴阳协调、阴阳交合是大自然生命的最本源。这样一来人才会传宗接代，会有新生命，就像花要授粉，这是一个简单的道理。但这个舞不只是跳而已，而是要诠释一个古老的信仰。舞蹈界很多舞者都觉得这种舞蹈不单是修炼身体，也是修炼心灵。

在杨丽萍的心里，舞蹈就是对自然、对生命的情感抒发。她说，舞者除在天赋、努力、智慧之外，还要有明亮的心灵。"不要不干净的东西。舞蹈其实是一个很神圣的事情，能把舞跳好，其实是很不容易的。"

在西方，舞蹈的最美意向是天鹅；在东方，则是孔雀。"孔雀在云南是一种图腾，是自然界美的化身，我把它转变成我的信仰。"1986年，杨丽萍创作并表演了独舞《雀之灵》，一举成名。

杨丽萍说："孔雀就是凤凰，凤凰是抽象的，孔雀是真实的。它真的很让你痴迷，因为你很了解，很理解，你从情感上，你从自然里，都找到了它的精髓。所以你跳起这支舞，或者你编导它的时候，你是一种感情，而不是一种杂念。"

孔雀也好，《云南映象》也好，包括《春之祭》，她都是从大自然中获得灵感的。就像孔雀用开屏来表达情感一样，这就是动物的肢体语言。

杨丽萍说："我处处在感悟，我看一朵花开都有感慨。我看见向日葵随着太阳转，就找到了大自然的密码。怎么随着太阳？

1989 年，央视春晚杨丽萍作品《舞之魂》

随着美好？怎么让自己像一朵向日葵？这个非常重要，没法用语言讲。这些密码都在大自然里面，只是很多人看不见。"

杨丽萍打了一个比方，作为本就能歌善舞的白族人，要热爱太阳，光用语言是不够的，必须用肢体去表达。在她看来，肢体语言就是最高尚和神圣的表达。"他们是为了爱，为了表达，然后来起舞。"

"我的舞蹈里面，无处不是童年打下的烙印。这个土地给了你不单是食粮，它真正熏陶了你！毛毛虫作茧自缚，结束自己的生命，是为了破茧成蝶；蜻蜓越过水面，点水，是有生命意义的，不是说为了花哨。"

1971年，13岁的杨丽萍走出云南大理白族的村寨，进入了西双版纳州舞蹈团。1986年，她凭借独舞《雀之灵》为世人瞩目，并在4年后的北京第十一届亚运会闭幕仪式上表演。虽"触电"影视，但她至今从未停止空灵的舞蹈。

2003年，她创作、主演原生态歌舞《云南映象》，找到了自己艺术之根，流连于故乡云南。生活在这片土地上的人与万物，给了杨丽萍无穷无尽的灵感。她在舞蹈中尽情肆意地礼赞生命的雄浑与神奇。

悟道

舞剧《春之祭》的最后，浑身贴满六字箴言的少女牺牲自己，为大家付出，她的肉体留下了，但她的精神得到了升华。杨丽萍说，这个带有表现主义的情节和自己的"内心是一样的"——"她真的就是忘我"。

《春之祭》谢幕的时候，杨丽萍是拄着双拐上场谢幕的。因为在8月排演的时候，她不慎受伤。

面对伤病，她很坦然："地板太滑，再加上年纪大了，骨质疏松，这个就是自然的，生命到了一个阶段，你的精神可能升华向上，可是你的肉体就会变得脆弱。"

"悟道"是杨丽萍对万物的解释，也是一种面对生命的智慧。"每个人只要一生下来，就会面临很多磨难，但是你真正悟道以后，你才能感觉到，没有什么困难。""贫穷不是一个很糟糕的事情，你会面对这个。你跳舞没有出名，你不会苦恼，跳舞本身就是你的感情需要。你真正放下这些杂念，很真诚去舞蹈的时候，就会感动人。"

外界对杨丽萍有着许多好奇心，比如说她20年没有吃过主食，她始终留着长长的指甲。留指甲是因为舞蹈需要，"民间有长甲舞，这是一个传统"。而不吃主食并不是一种"付出"，而是一种"不付出"——不付出力气使劲去吃——在她看来，吃得多不过是一种贪欲。

"我最喜欢跟自然亲近，在一个茅草房里，或者一个土砌房里，或者在一个花丛里。"在洱海边，她把自己活成了一首诗。

60岁了，但她的脸上还是带着少女的活泼与纯真，身材纤细，长发飘飘，双眼依旧泛着《雀之灵》的光彩。

她也依然在跳舞，她说："我只要一跳舞，我就觉得自己太有福气了。这是我内在的精神需求，不是折腾。就算老了，病了，也会在头脑中默舞。谁能阻止我跳？！"

后记

瞬间即永恒

一本青年人写给青年人的书，

一本朴素的书，

它出自一群年轻的文化记录者、报道者………

从事新闻业的30年间，有幸采访过多位文化大家，面对面的交流令我受益匪浅。我的采访报道团队及时地记录下许多珍贵的瞬间，随着时间的沉淀，越发凸显出这份工作的意义。此次，整理成文，以便与更多年轻人分享。

2001年秋，有6个月身孕的我，获得了电视媒体中唯一一次采访杨绛先生的机会，深度报道钱锺书、杨绛两位先生捐赠全部稿酬和版税，在清华大学设立"好读书"奖学金。

在三里河的简朴寓所，杨绛先生敏捷而有条理地打开一摞摞钱先生留下的手稿，微笑着指给我们看中英文夹杂的笔记、天书般细密的注释，还有先生兴致所至、信手画上去的人像。她讲自己每天从毫无头绪的故纸堆里一点一点拼接整理钱先生遗留的四大麻袋浩繁手稿，耗时数年。睹物伤情，这是一件

2001 年秋采访杨绛先生

我与杨绛先生合影

艰难的工作，杨绛先生却把它看作余生必须要完成的一件事。"留下来，打扫战场"，她说唯有如此，才能让"死者如生，生者无愧"。

杨绛先生始终是喜乐的，常常主动讲一些钱先生的趣事。与写作《干校六记》的冷静不同，我们见到的杨绛先生始终散发着暖意，几乎看不到历经劫难的印记，她平静安详，丰盈富足，真是一位透彻、笃定、坚毅的学者。

此次采访，令我强烈地感受到，原来非同凡响的人物是以最平凡的模样生活在我们身边的——至善、至乐、至智，达观而沉静，博学而通透！正像一位印度哲人所说：一个活得没有任何冲突的人，才是一个非凡无比的人。杨绛先生像一束光亮，照亮人生的至暗时刻，也温暖着踽踽独行的芸芸众生。

2003年夏，北京"非典"肆虐，人们恐慌、躲避，不知所措，社会交往都按下了暂停键。此时，一些艺术家倡议拿起画笔，用创作赞美生命、描绘自然和美好，给世人以信心和勇气。疫情里，我走访了靳尚谊、詹建俊、常沙娜等多位艺术家，记录疫情中的创作。

第一次见到常沙娜先生时，她端坐在花园里，背影被夏日阳光勾勒照亮，她正在静静地、一笔一笔地描绘盛开的太阳花，丝毫没有觉察我们的到来。镜头捕捉到绽放在画布上的花朵，生命力倔强、顽强，这种无言的抚慰直抵人心。那一刻，我感到生命的能量传递到心间……

从与冯骥才先生一同走进杨柳青鱼缸年画传承人的家里，像老朋友一样坐着聊家常，到无意间发现王蒙先生在家中阳台上摆放着在新疆劳动改造时用过的"坎土曼"（KANTUMAN，即铁铲）；从很少接受媒体采访的樊锦诗先生每年两会都雷打不动地接受我们的专访，谈敦煌"限流"和谈敦煌数字化保护，到同样不喜欢媒体采访的郭兰英老师默许我们拍摄她口传心授、复排民族歌剧《白毛女》的全过程……如果没有这些即时记录、细微感受和鲜活细节的呈现，可能永远无法让更多青年人直观领会这些文化大家情感深处的宝贵信念。

大屏电视记者们马不停蹄地拍摄记录、采访报道，年轻新媒体记者"如是我闻"进行着二度创作，在紧张的制作节奏中，团队里的年轻人也在潜移默化地汲取着文化养分。让最有益、最活泼的文化活在青年人身上，特以本书作为纪念。

深深感谢多年来为之辛苦付出的每一位师友、朋辈和同行者。

石岩

于2021年10月8日 寒露